O Código da Escrita Mágica Simbólica

Rubens Saraceni

O Código da Escrita Mágica Simbólica

© 2025, Madras Editora Ltda.

Editor:
Wagner Veneziani Costa (*in memoriam*)

Produção e Capa:
Equipe Técnica Madras

Revisão:
Augusto do Nascimento
Elaine Garcia

Dados Internacionais de Catalogação na Publicação (CIP)
(Câmara Brasileira do Livro, SP, Brasil)

Saraceni, Rubens
O Código da Escrita Mágica Simbólica/Rubens Saraceni
São Paulo: Madras, 2025.
8 ed.

ISBN 978-85-370-0228-5

1. Espiritualidade 2. Magia 3. Umbanda (Culto) –
I. Título.
07-3514 CDD-133.43
         Índices para catálogo sistemático: 133.43
         2. Teurgia: Magia divina: Ocultismo 13343

Proibida a reprodução total ou parcial desta obra, de qualquer forma ou por qualquer meio eletrônico, mecânico, inclusive por meio de processos xerográficos, incluindo ainda o uso da internet, sem a permissão expressa da Madras Editora, na pessoa de seu editor (Lei nº 9.610, de 19/2/1998).

Todos os direitos desta edição reservados pela

MADRAS EDITORA LTDA.
Rua Paulo Gonçalves, 88 – Santana
CEP: 02403-020 – São Paulo/SP
Tel.: (11) 2281-5555 – (11) 98128-7754
www.madras.com.br

ÍNDICE

A Escola de Magia Divina Rubens Saraceni 7
Compêndio de Escrita Mágica Sagrada 13
A Magia 17
A Geometria e a Magia Riscada 19
    Chaves da Magia Riscada 28
O Ponto na Magia Riscada 29
As Divindades de Deus 31
Os Tronos de Deus 33
As Ondas Vibratórias Temporais e as Atemporais 35
Mandala – Cabala – Ponto Riscado – Ondas Vibratórias.................................. 39
    Ondas Vibratórias Fundamentais 40
As Posições das Ondas Vibratórias no Círculo 51
Ondas Vibratórias Mistas 61
Os Espaços Mágicos 67
As telas Vibratórias dos Tronos 79
O Surgimento das Telas Vibratórias dos Tronos de Deus 81
As Telas Vibratórias 93
    Ondas Vibratórias – Símbolos – Signos – Telas 98
        Ondas Vibratórias 98
        Símbolos 99
        Signos 99
        Telas ....
100   A Construção dos Espaços Mágicos 103
Os Alfabetos Sagrados Saraceni 105
O Alfabeto Sagrado Cristalino de Rubens Saraceni, Mestre Mago
Iniciador do Arco-Íris Divino 107
Alfabeto Mágico do Tempo, do Mestre Mago do Arco-Íris
Divino, Rubens Saraceni 115
Alfabeto Mágico Eólico Saraceni 135
Alfabeto Mágico Mineral Saraceni 145

Alfabeto Mágico Telúrico Saraceni.. 147
Alfabeto Mágico Aquático Saraceni 157
Alfabeto Mágico Ígneo 167
Alfabeto Mágico Vegetal.. 173
Tabela —— Tábua do Mestre Rubens Saraceni 193
Conclusões Finais 199

A Escola de Magia Divina Rubens Saraceni

A Escola de Magia Divina é uma iniciativa pessoal do Mestre Mago Iniciador Rubens Saraceni e é resultado de dezoito anos de estudos e práticas da Magia Divina, uma Magia que não recorre a nenhuma prática contrária à Vida, à Lei Maior, à Justiça Divina.

A Magia Divina, ou Teurgia, é uma Magia Iniciática ou Alta Magia que pode ser praticada pelas pessoas, independentemente da formação doutrinária ou crença religiosa delas.

A Magia Divina ensinada e praticada pelo Mestre Mago Iniciador Rubens Saraceni não exige nada mais que a crença em um Deus Criador e a crença em Hierarquias Divinas regidas pelas Divindades.

A Magia Divina não tem um "lado negativo" e os seus praticantes não recorrem aos mistérios opostos aos mistérios da luz.

Ela não é "dual" e não tem nenhuma possibilidade de ser invertida e usada para prejudicar a quem quer que seja. Até mesmo, condenamos veementemente o uso das "Magias Negras" por pessoas que têm nela um meio de extravasar de forma covarde e traiçoeira seus sentimentos de ódio, ciúme, inveja, etc.

Pessoas que recorrem às várias formas da "Magia Negativa" estão afrontando as Leis de Deus e os princípios da Vida e devem ser vistas com piedade porque ainda não desenvolveram uma consciência e são pessoas emotivas e instintivistas, mas que, certamente, após seus desencarnes descobrirão que o que praticaram contra seus semelhantes fizeram contra si próprios e amargarão longos estágios purificadores e retificadores nas esferas negativas, sombrias e esgotadoras dos seus sentimentos inferiores.

Na Magia Divina, ou Teurgia, só se evocam poderes Divinos sustentadores da Vida e dos meios onde ela se sustenta e evolui.

Justamente por esse seu caráter Divino e sustentador da vida e dos seus meios de fluir, a Magia Divina é um refreador poderoso de todas as formas de "Magia negativa", e seus praticantes não se intimidam diante de supostos poderosos Magos das Trevas, tanto os encarnados quanto seus asseclas espirituais ocultos nas sombras de suas quedas morais e suas regressões conscienciais.

A Magia Divina traz em si os meios (forças e poderes) capazes de purificar de forma positiva os espíritos à margem da Lei Maior e, também, de anular gradativamente o negativismo e a maldade das pessoas que a praticam, pois as livra das hordas trevosas que tanto as auxiliam como têm nessas pobres pessoas seus portais encarnados.

Mas a Magia Divina não se destina só ao combate incessante às investidas dos espíritos trevosos, já que um Mago iniciado usa dos conhecimentos que lhe foram transmitidos durante as suas aulas iniciatórias e usa dos poderes Divinos perante os quais se iniciou para plasmar no lado etérico toda uma aura luminosa e protetora das pessoas que a ele recorrem.

Aos magos iniciados também é ensinado como curar espíritos sofredores "encostados" nas pessoas, realizando isso unicamente através de procedimentos magísticos, dispensando o "transporte" ou incorporação deles para que sejam beneficiados com o auxílio indispensável para que retomem suas evoluções. Os espíritos mestres da Magia Divina acolhem todos os espíritos curados Divinos e abrigam todos eles em moradas espirituais destinadas ao amparo e ao esclarecimento deles.

Mas um Mago iniciado na Magia Divina realiza mais que isso e tem o conhecimento indispensável e outorga Divina necessários para atuar nos corpos espirituais das pessoas atendidas por ele, e é capaz de alcançar seus níveis mais profundos e realizar "cirurgias espirituais", durante as quais são retirados desses corpos profundos "inclusões" nocivas ao bem-estar delas.

Essas "inclusões" são criaturas ou "fontes vivas", atraídas pelas pessoas devido à alimentação íntima de sentimentos mórbidos ou são projetadas contra elas por meio das condenáveis "Magias Trevosas".

Todo o trabalho magístico realizado por um Mago praticante da Magia Divina visa ao benefício das pessoas atendidas por ele.

A Magia Divina, ou Teurgia, iniciada e ensinada pelo Mestre Mago Iniciador Rubens Saraceni, tem uma forma própria, e só sua, de ser ensinada e praticada, e tem como único objetivo o crescimento consciencial, espiritual e moral dos seus praticantes, tornando-os verdadeiros "terapeutas espirituais" e reequilibradores da vida onde as suas condições básicas foram abaladas por graves distúrbios no espírito das pessoas e por sobrecargas energéticas negativas condensadas nos lares ou nos ambientes de trabalho.

Apesar de ser ensinada e praticada há poucos anos, já é uma realidade e está se inserindo na vida de muitas pessoas como um ótimo e indispensável recurso a ser usado sempre que seus praticantes acharem necessário.

Os magníficos resultados que vêm sendo obtidos pelos seus praticantes têm sido a melhor prova da Divindade dessa Magia, ensinada a todas as pessoas, independentemente de suas formações culturais, doutrinárias ou religiosas, já que a Magia Divina é autossuficiente em si mesma e não pertence a nenhuma ordem secreta, ordem iniciática, religião ou doutrina.

Os seus praticantes, oriundos desses universos citados no parágrafo anterior é que a tornam o que ela é: um bem Divino, colocado à disposição de todos os que desejarem praticá-la com fé, amor, respeito, confiança e determinação.

Ela tem a sua dinâmica própria e se adapta às necessidades dos seus praticantes, não obrigando ninguém a renunciar ao seu modo de ser, pensar ou agir.

Ela se adapta a todas as práticas espiritualísticas, terapêuticas ou holísticas, suplantando largamente todas as outras modalidades em que a Magia é praticada, já que não exige nenhuma renúncia por parte dos seus praticantes ou das pessoas atendidas pelos Magos iniciados nela.

No estudo da Magia Divina, o iniciando é "apresentado" a Deus e às suas divindades, e na sua iniciação consagra-se a Ele como Seu servo, Mago e instrumento da Sua Lei Maior e da Sua Justiça Divina, sempre pronto para servi-Lo quando for necessária a sua atuação magística.

O Mago praticante de Magia Divina é um servo de Deus, da Sua Lei Maior e da Sua Justiça Divina e, consciente disso, não espera para si maiores benefícios que os que Ele concedeu-lhe quando o Criou. E não alimenta o sentimento de superioridade porque sabe que não o é em momento algum ante os olhos de Deus.

Um praticante da Magia Divina sente-se um irmão da humanidade e trabalha magisticamente em benefício dela, não esmorecendo em momento algum e não se deixando abater ante as dificuldades e os infortúnios que visam a prová-lo e a desenvolver a boa têmpera, indispensável a todo servo de Deus e instrumento da Sua Lei Maior e da Sua Justiça Divina.

A Magia Divina é a manifestação de uma poderosa vontade superior, emanada pelo Divino Criador e por Suas Divindades, vontade essa que foi trazida dos mais elevados níveis vibracionais da criação por um grupo de espíritos ascensionados liderados pelos amados mestres Magos da Luz, Lahi-ho-ach-me-yê e Seiman Hamiser yê, sempre amparados pelas Divindades emanadoras dessa vontade superior, e que são os sagrados Tronos de Deus!

A Magia Divina tem seus próprios fundamentos, muitos deles encontrados em conhecimentos universais e ancestrais, ensinados e praticados pela humanidade desde eras remotas.

A Magia Divina, por não fazer distinção de raça, cor, cultura, doutrina ou crença religiosa entre seus praticantes e por entender que todos são iguais perante Deus, inseriu-se desde o seu início com uma linha de estudo e uma prática ecumênica, ainda que não se afixe em religião, mas sim na fé em um único Deus Criador e em suas Hierarquias Divinas, concretizadoras das suas vontades.

A Magia Divina, ou Teurgia, ensinada pelo Mestre Mago Iniciador Rubens Saraceni possui 21 graus, sendo que o primeiro e fundamental é a Magia do Fogo ou Magia Divina das Sete Chamas Sagradas.

Esta Magia do Fogo é uma forma de trabalhar magisticamente com o elemento ígneo e é durante este estágio de estudos que são ensinados os fundamentos da Magia Simbólica usada pelos Magos, a fim de que sejam criados os espaços mágicos necessários para que possam praticar a Magia.

Sua simplicidade e facilidade de apreensão são as responsáveis pela sua receptividade entre os adeptos da Magia. E sua praticidade abre as portas para seus praticantes trabalharem com ela onde quer que estejam, já que dispensa paramentos e rituais que dificultariam sua aplicação.

O Mago praticante da Magia Divina é alguém que trabalha onde deseja, já que ele é o elemento ativo dessa Magia. Ele é o seu depositário; é o seu ativador e é o instrumento da Lei Maior e da Justiça Divina, praticando-a onde e quando achar necessário.

Os graus subsequentes, por abordarem e ativarem Mistérios da Criação, não são ensinados de forma aberta e exigem o juramento de silêncio quanto ao que é revelado durante as aulas, porque essa é uma exigência dos Mestres transmissores deles e visa a preservar mistérios poderosos que só se manifestam se for respeitado o silêncio imposto ao Mago que evocá-lo. Afinal, nem tudo pode ser revelado a todos e só o Mago iniciado e consagrado deve ter as chaves-mestras que abrem ou fecham determinados mistérios, não os revelando ou transmitindo-os a pessoas não iniciadas e que poderão profanar Mistérios da Criação, sagrados e velados aos não iniciados e não autorizados a evocá-los.

A Magia Divina, em seu primeiro grau, está aberta a todos. Mas os graus subsequentes só são ensinados às pessoas que já se consagraram a Deus, à Sua Lei Maior e à Sua Justiça Divina como Seus servos Magos do Fogo.

Os graus da Magia Divina são em número de 77 e estes são alguns deles:

- Magia das Sete Chamas Sagradas
- Magia das Sete Pedras Sagradas
- Magia das Sete Ervas Sagradas
- Magia dos Raios Sagrados
- Magia das Sete Espadas Sagradas
- Magia do Tempo
- Magia Telúrica
- Magia Eólica
- Magia das Sete Cruzes Sagradas
- Magia dos Sete Escudos Sagrados
- Magia Aquática
- Magia dos Gênios

- Magia dos Elementais
- Magia Energética
- Magia das Sete Lanças Sagradas
- Magia das Sete Flechas Sagradas
- Magia do Pó
- Magia Angélica
- Magia Arcangélica
- Magia das Sete Estrelas Sagradas
- Magia das Sete Pembas Sagradas
- Magia dos Sete Triângulos Sagrados

É certo que é impossível a um Mestre Mago Iniciador do Arco-íris Divino abrir todos os seus 77 graus na sua curta vida neste plano material da vida. Mas o Mestre Mago Iniciador Rubens Saraceni vem se esforçando para formar entre os seus discípulos um grupo seleto que possa alcançar pelo menos o 21º Grau na Magia Divina, e possa perpetuá-la na Terra como o poderoso recurso que refreará as nefastas Magias Negativas praticadas pelos escravos das trevas da ignorância.

Compêndio de Escrita Mágica Sagrada

Este livro destina-se às pessoas que estudam a simbologia, a Magia e o ocultismo.

Aqui, algumas palavras cujos significados são universais podem assumir outra conotação, não perceptível ao não iniciado na Magia Riscada, pois usamos palavras consagradas em um campo das atividades humanas, mas referindo-nos à Magia Riscada.

Portanto, se você, amigo leitor, ainda não é um iniciado na Magia Riscada, procure extrair o exato significado que certas palavras têm para nós.

Nós usamos palavras cujos significados já são consagrados na física, na química, na ótica, na eletrotécnica, no magnetismo, na radiodifusão, na geometria, etc., mas dando a eles nosso próprio significado.

Se onda é uma partícula que se desloca com movimento oscilatório, então não há uma onda reta, porque todas as partículas são oscilatórias. Mas nós classificamos as irradiações Divinas "retas" como ondas retas e as irradiações ondeantes como ondas curvas.

Para nós, "ondas" são irradiações retas ou curvas, iguais a fios, que transportam a energia Divina em um padrão vibratório específico, o qual define sua função na criação.

Portanto, se escrevemos "onda reta cristalizadora", estamos nos referindo a uma irradiação Divina cuja "propriedade" ou função é a de dar forma ou cristalizar alguma coisa, e que a energia que ela transporta flui em linha reta.

Não queiram comparar o que aqui escrevemos com o significado que certos termos têm nas ciências terrenas, porque estamos comentando sobre um mistério de Deus usado desde os primórdios da humanidade, mas que nunca foi totalmente explicado por ninguém que tenha usado a Magia Riscada até hoje.

Os livros de simbologia dão os significados dos símbolos, que são discutíveis porque dependem da visão de quem os interpretou.

A palavra "frequência", na radiodifusão, significa o número de ondas ou ciclos medidos por segundo tempo, e são classificados em alta, média e baixa frequência.

"Ondas" são classificadas como curtas, longas, ultravioletas, micro-ondas, etc.

Enfim, as palavras "onda" e "frequência" têm seus significados específicos nas ciências oficiais, assim como são usadas nos diálogos corriqueiros do dia a dia travados entre pessoas, tais como:

1- Não faça ondas!
2- As ondas do mar estão bravas!
3- Eu visito meus clientes com frequência.

1- Não fazer "ondas", na gíria popular, significa não criar confusão ou turbulências para outra pessoa.
2- As ondas marítimas "bravas" são ondas aquáticas "altas".
3- Visitar com "frequência" significa ir periodicamente até o cliente.

Todos os significados não diferem totalmente dos que estas palavras têm nas ciências, e no entanto estão se referindo a procedimentos humanos, às marés e ao atendimento de clientes.

Com isso, que fique claro que a "essência" será preservada, ainda que comentemos sobre algo antes nunca comentado e ainda que as irradiações Divinas só sejam visíveis às pessoas com uma clarividência privilegiada. No entanto, elas existem, estão passando por nós o tempo todo e transportam energias ou fatores com funções específicas, capazes de realizar certos "trabalhos".

– Mesmo as palavras função e trabalho têm seus significados específicos na matemática e na física.

– Função, para as equações.

– Trabalho, para a força.

Enfim, este livro é sobre Magia Riscada ou Escrita Mágica Divina, e não sobre qualquer uma das ciências oficiais que também se servem das palavras que aqui usaremos para classificar as irradiações Divinas, suas formas de fluírem, suas funções, etc.

Lembrem-se disso: as ciências oficiais também se serviram de palavras já existentes e deram a elas seus significados científicos e assim o fizeram porque as essências delas também se aplicavam às suas descobertas.

Amálgama não significa somente uma liga metálica, mas também a mistura de cores, raças, etc.

Logo, que as ciências oficiais continuem dando às palavras seus significados científicos, porque nós daremos a elas os nossos sem nos incomodarmos com os que já receberam.

Afinal, a letra **A** gera um som, que é uma "frequência", e a letra **B** gera outra, e o "amálgama", ou união das duas letras gera uma terceira "frequência".

Então, amigo leitor, ao ler este livro, se tiver dúvidas sobre o significado de alguma palavra, não vá procurá-lo em um livro técnico e sim em um dicionário.

Lembrem-se que, na física, temos vários tipos de ondas:

– Ondas longas: são ondas de pequeno alcance e que se deslocam sobre a superfície terrestre, cujo comprimento é maior que 600 metros.
– Ondas médias: são ondas de médio alcance, cujo deslocamento ocorre uma parte ao longo da superfície terrestre e outra, nas camadas superiores da atmosfera, e possuem um comprimento de onda entre 150 e 600 metros.
– Ondas curtas: são ondas de grande alcance, que se projetam para as camadas superiores da atmosfera, onde se refletem mutuamente, cobrindo, assim, uma grande área da superfície terrestre, e possuem um comprimento de onda entre 10 e 150 metros.
– Micro-ondas: são as de maior alcance, tendo múltiplas projeções nas altas camadas da superfície terrestre, alcançando áreas bem maiores que as anteriores. Seu comprimento de onda é menor que 10 metros.

Essas explicações valem para a física, porque as "ondas" aqui comentadas não se referem à propagação do som, mas sim ao "transporte" de fatores ou "energias", no plural mesmo, porque cada onda tem a sua "função" e realiza o seu "trabalho". Mas elas não são limitadas nos seus alcances, pois uma única "onda" irradiada por uma divindade espalha-se por todo o Universo, a sua frequência não pode ser captada por aparelhos mecânicos, e o seu comprimento varia segundo o meio ou "plano da vida" por onde estiver passando.

Que fique claro que as essências das palavras serão mantidas, mas, por estarmos nos referindo à "Magia Escrita", elas serão usadas para descrevermos ou comentarmos uma ciência ainda não acadêmica, mas que futuramente a física quântica "oficializará", pois a Magia e ela, enquanto ciências, estudam a mesma coisa, mas são diferenciadas por causa do enfoque e dos objetivos.

Só isso separa a Magia da Física!

A Magia

A Magia vem sendo praticada pela humanidade desde seus primórdios e é anterior a qualquer religião que conhecemos.

A Magia surgiu por causa das necessidades das pessoas, acuadas pelos fenômenos da natureza, pelas doenças, pela presença de outras espécies hostis ao homem, pela proximidade do mundo espiritual, etc.

Os primeiros magos:

– procuravam abrandar a fúria da natureza com seus rituais mágicos;

– procuravam curar as doenças com a manipulação mágica de ervas, raízes, sementes, pedras, minérios, etc;

– procuravam afastar cobras peçonhentas realizando oferendas e sacrifícios rituais de animais (aves, por exemplo) a um "Deus-cobra", para que este as afastasse dos campos onde moravam e de onde retiravam seu sustento;

– oferendavam a uma deusa da terra, à espera de boas colheitas;

– oferendavam a uma deusa das águas (rios, mares, chuvas, etc.), para que nunca lhes faltasse o precioso líquido, mas que este também não viesse em tão grande quantidade que pudesse afogá-los;

– oferendavam a um deus da medicina, ou das doenças, para que ajudasse a curar as pessoas enfermas.

E assim, sucessivamente, para todos os campos das atividades humanas.

Os magos já receberam vários nomes, tais como: pajés, xamãs, feiticeiros, curadores, etc;

Pessoas com dons espirituais ou mediúnicos, se conseguiam dominá-los e usá-los, logo eram procuradas por quem precisava do auxílio delas e, pouco a pouco, essas pessoas "especiais" criavam confrarias, ordens secretas, sociedades ocultistas, visando a preservar seus conhecimentos mágicos e tomando a precaução de só transmiti-los a outras pessoas de sua confiança.

E se assim procediam é porque descobriam que se certos elementos, sortilégios ou encantamentos podiam "curar" um enfermo, se fossem invertidos nas suas funções podiam atingir uma pessoa sã e deixá-la doente.

Com isso, o conhecimento mágico foi sendo recolhido em confrarias e sociedades secretas e os magos adquiriram "status" de pessoas excepcionais, criando uma casta privilegiada.

Assim, as várias escritas mágicas já usadas pelos magos do passado tiveram seus reais significados ocultados, tornando conhecidos apenas os seus poderes, nunca os mistérios ativados em suas práticas magísticas.

Tratando-se de Magia, todo cuidado é pouco e muitos são os que aprenderam a riscá-la sem conhecer seus reais fundamentos e significados, criando para si todo um carma sombrio, pois achavam que riscar símbolos e signos negativos ou invertidos não traria uma reação da Lei Maior em suas vidas.

Portanto, não abriremos um só signo ou símbolo cuja função seja negativa ou que possa ser invertido e usado para prejudicar quem riscá-lo ou para prejudicar um semelhante.

Só será dado acesso ao lado positivo da Magia Riscada e só se poderá usá-la em benefício próprio, nunca riscá-la para outras pessoas, certo?

A Geometria e a Magia Riscada

A Magia Riscada é um exercício de geometria porque traça riscos, símbolos e signos.

O ângulo: é fundamental na Magia Riscada porque para cada um deles há duas funções, uma para cada reta que o forma.

Um ângulo de cinco graus de abertura tem suas funções bem definidas. Já um ângulo de seis graus de abertura tem outras duas funções, diferentes das dos ângulos com outros graus de abertura.

A reta: as retas, na Magia Riscada, têm a função de transportar os fatores ou energias Divinas necessárias às ações magísticas.

Na geometria, reta é a ligação entre dois pontos.

Na Magia Riscada, a reta é um risco por onde, de cada uma de suas pontas, flui uma energia com uma função. Logo, na Magia Riscada, toda reta tem dupla função.

Pontos cardeais mágicos: são os polos mágicos, existentes tanto nas extremidades de uma onda reta quanto nas de uma curva; nos vértices de um triângulo, de um quadrado, de um pentágono ou de qualquer outra figura geométrica usada na Magia Riscada.

Um polo mágico se "conecta" com vários planos da vida; com várias dimensões e com vários níveis ou faixas vibratórias, e em cada polo mágico firmamos uma divindade.

Em um triângulo mágico firma-se uma só divindade, consagrando-o a ela e evocando sua presença (poder e forças mágicas) e ativando o espaço mágico triângulo no qual o mago trabalhará, mas também firmamos uma divindade em cada vértice dele, dando-lhe um alcance maior, pois em cada polo estará um poder diferente atuando em função do mago e do seu trabalho.

O círculo é fundamental na Magia Riscada e é nele que inscrevemos os oito polos cardeais mágicos, análogos aos pontos cardeais de uma bússola, ainda que um círculo, ou circunferência mágica, também tenha trezentos e sessenta graus ou polos mágicos.

Na circunferência ou círculo mágico há oito polos cardeais mágicos e, por serem análogos aos da bússola, nós os descrevemos assim:

- Polo mágico norte: – N – Polo mágico irradiante; de magnetismo "passivo" ou que irradia ondas de baixa frequência.
- Polo mágico sul: – S – Polo mágico absorvente; de magnetismo "ativo" ou que irradia ondas de altíssima frequência.
- Polo mágico leste: – L – Polo mágico irradiante; de magnetismo misto (tanto absorve quanto irradia ondas de baixa, média e alta frequência).
- Polo mágico oeste: – O – Polo mágico absorvente; de magnetismo misto (tanto absorve quanto irradia ondas de baixa, média e alta frequência).
- Polo mágico nordeste: – NE – Polo mágico irradiante; de magnetismo passivo ou que se irradia em ondas de média frequência.
- Polo mágico sudoeste: – SO – Polo mágico absorvente; de magnetismo ativo ou que irradia ondas de alta frequência.
- Polo mágico noroeste: – NO – Polo mágico irradiante; de magnetismo passivo ou que irradia ondas de média frequência.
- Polo mágico sudeste: – SE – Polo mágico absorvente; de magnetismo ativo ou que irradia ondas de alta frequência.

Os polos mágicos ou magnéticos existentes nos "espaços mágicos" (círculos, triângulos, pentágonos, etc.), em verdade, simbolizam as posições dadas aos poderes e às forças inscritas, firmadas e evocadas pelo mago.

Uma mesma força e poder, se inscrita em um polo mágico ou magnético passivo, atuará de uma forma, mas se for inscrita em um polo mágico ou magnético ativo, atuará de outra forma, ainda que sua função permaneça a mesma, pois sua "qualidade" ou função não se inverte com a troca de polo mágico.

Lembrem-se que nos espaços mágicos a única alteração que existe é a dos seus polos mágicos, nunca a da qualidade ou função do poder que inscreverem, firmarem e evocarem.

"Os espaços mágicos também são usados pela escória da humanidade que, genericamente, englobamos na classe de "Magos das Trevas".

Essas pessoas malignas também riscam Magia, só que inscrevem, firmam e evocam poderes e forças destrutivas e análogas às suas malignas intenções e aos seus sombrios desejos de destruição dos seus semelhantes.

Lembrem-se sempre que a Magia, seja ela a riscada ou qualquer outra, tem seu oposto ou inverso por causa do dualismo existente em quase tudo o que Deus criou.

Amor e ódio, luz e trevas, bem e mal, alto e baixo, etc., estão aí, à nossa volta e em nós mesmos, mas em estado potencial, só faltando a faísca que desencadeia todo o processo de vivenciação de um desses aspectos da criação.

Há pessoas que desdenham Deus e o poder de sua Lei Maior e, fazendo mau uso do livre-arbítrio concedido a nós por Ele, ativam poderes e forças destrutivas e as projetam contra seus desafetos ou, quando a soldo de seus financiadores, projetam-nas contra pessoas que não conhecem, achando que são poderosas e intocáveis e que suas ações malignas ficarão impunes.

Mas a Magia, como tudo mais, é regida pelas leis das causas e dos efeitos e das ações e reações, e aquilo que for ativado e projetado magisticamente retornará a quem ativou e projetou.

Logo, é só uma questão de tempo para o Mago da Luz ser inundado pela luz que ativou e projetou para os seus semelhantes, assim como é só uma questão de tempo para o Mago trevoso ser envolto e tragado pelas trevas que projetou contra seus semelhantes.

Pessoas inteligentes, cultas e conhecedoras da escrita mágica negativa ou de outras Magias não são as únicas que irão parar nas trevas, porque o mal depende das intenções de quem as pratica, e há muitas pessoas que aprendem processos "paramágicos" negativos e funcionais (só dependem da intenção de quem os evoca e ativa para funcionarem) e, no entanto, não são inteligentes, cultas e conhecedoras da Magia, mas são maldosas mesmo.

– A Magia Riscada da Luz só se ativa se houver amor no íntimo de quem recorrer a ela.

– A Magia Riscada invertida ou negativa sempre se ativa, mas se o íntimo de quem a riscar for maligno, maior será sua força destrutiva.

Portanto, os espaços mágicos e seus polos são o que são: espaços e polos mágicos. Agora, quem irá ativá-los é que dará a eles funções positivas ou destrutivas.

Os polos mágicos são esses:

– N	– Norte	– passivo	– irradiante
– S	– Sul	– ativo	– absorvedor
– L	– Leste	– misto	– dupla-função
– O	– Oeste	– misto	– dupla-função
– NE	– Nordeste	– passivo	– irradiante
– SO	– Sudoeste	– ativo	– absorvedor
– NO	– Noroeste	– passivo	– irradiante
– SE	– Sudeste	– ativo	– absorvedor

Suas leituras são essas:

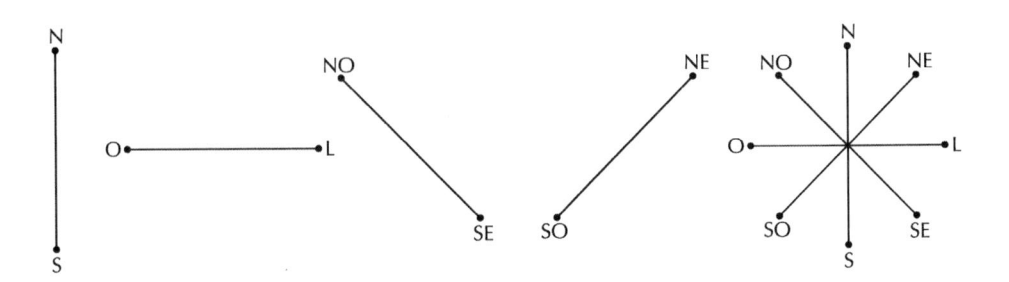

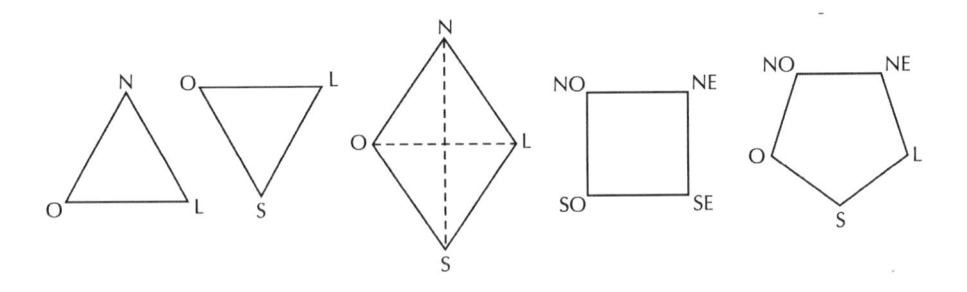

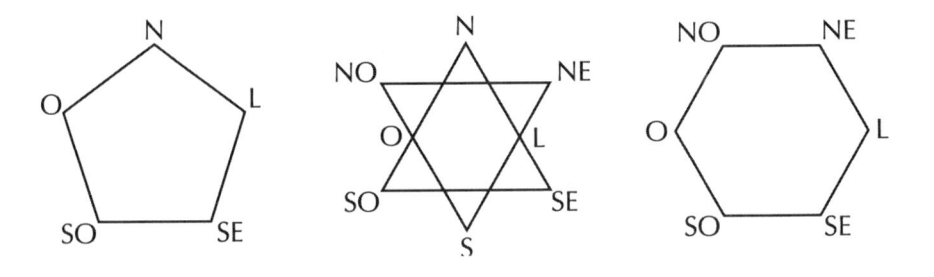

A curva: Na Magia, é uma das formas de a energia fluir através do espaço.

A "curvatura" de uma onda é fundamental e, dependendo da curva, muda o poder a ser evocado e o trabalho que ela realiza.
– Curvas suaves, abertas e longas são passivas e de baixa frequência.
– Curvas acentuadas, fechadas e curtas são ativas e de alta frequência.

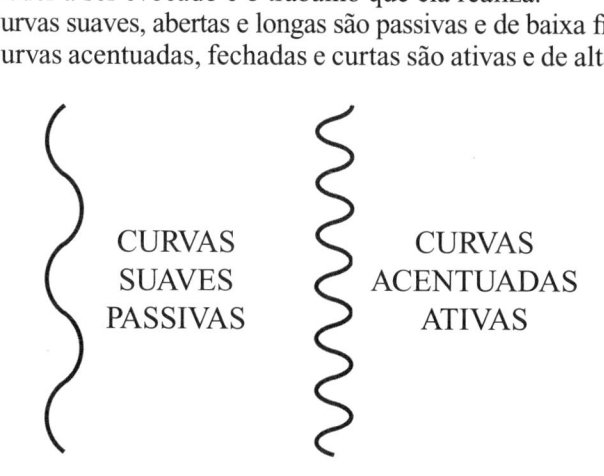

CURVAS SUAVES PASSIVAS

CURVAS ACENTUADAS ATIVAS

– As irradiações curvas passivas realizam seu trabalho de forma imperceptível por quem está sendo alcançado por elas.
– As irradiações curvas ativas realizam seu trabalho de forma perceptível e sensível por quem está sendo alcançado por elas.

Mas também existem ondas curvas entrelaçadas, tais como:

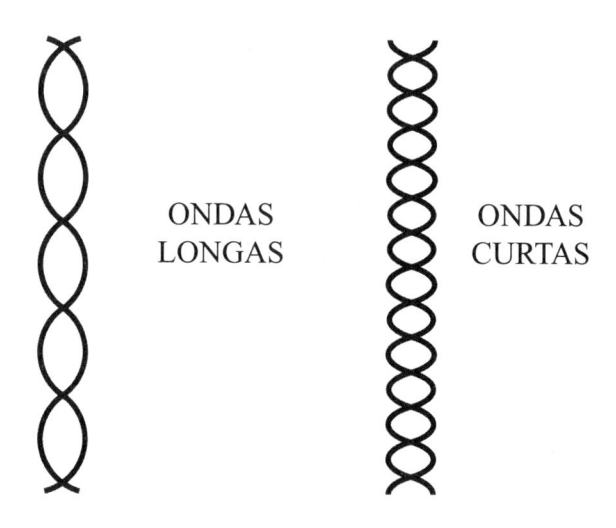

ONDAS LONGAS

ONDAS CURTAS

Observem as curvas:

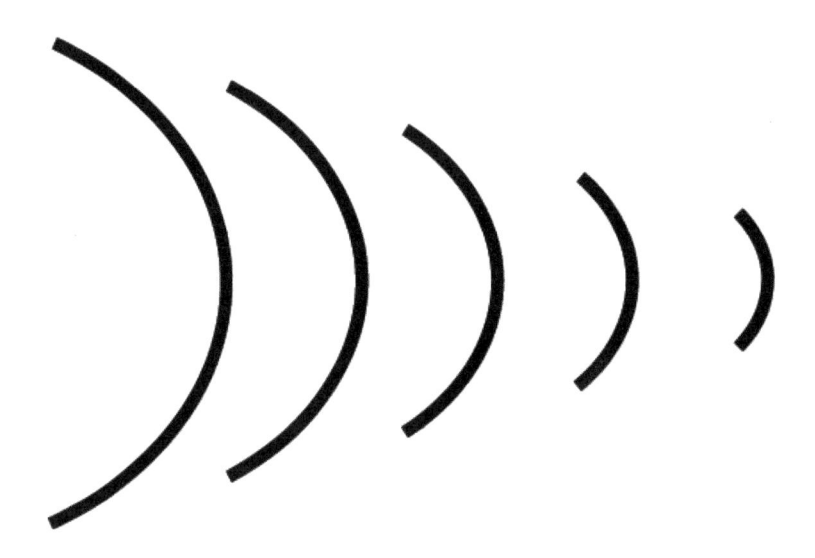

Se temos ondas curvas e retas, também temos ondas "raiadas" ou em ziguezague, tais como essas:

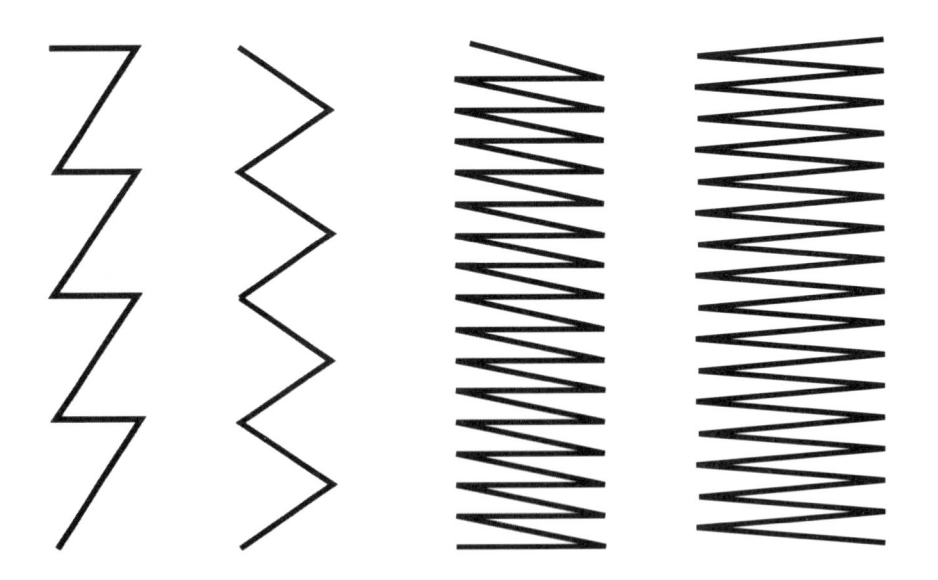

Essas ondas, dependendo do ângulo de abertura, mudam sua regência, sua função e o trabalho que realizam.

Também existem ondas "retornáveis" ou "retráteis" (classificação nossa) e que descrevem um "retorno" após fluírem por uma certa distância.

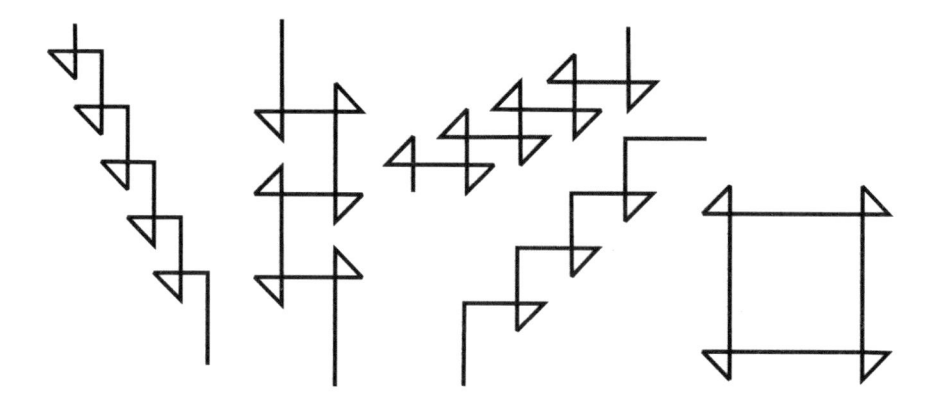

Umas mantêm a mesma direção e outras mudam totalmente. Exemplo:

– Algumas são curtas, outras longas.
– Algumas são formadas por retração em ângulo de noventa, quarenta e cinco, trinta graus, etc.
A alteração de grau em uma mesma onda "retrátil" muda sua regência, sua função e o trabalho que realiza.
Exemplos:

E mesmo a alteração de lado da retração (à esquerda ou à direita) da linha principal muda a função e o trabalho que uma onda realiza.

Então temos esses (e muitos outros) tipos de ondas retráteis ou em ziguezague.

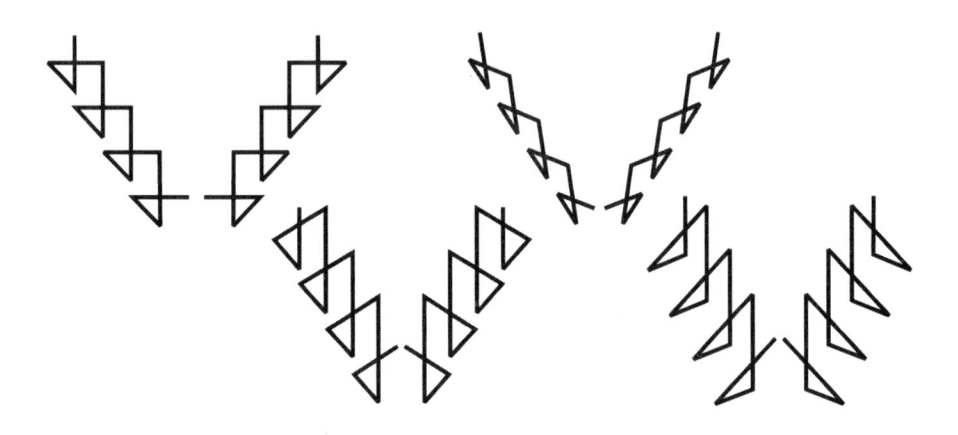

Essas ondas retráteis são magníficas e cada vértice dos triângulos formados em seus retornos são polos eletromagnéticos que projetam nas oito direções cardeais mágicas novas ondas análogas à "onda-mãe", criando uma "tela" toda triangulada, belíssima.
As ondas retráteis podem ser classificadas como simples ou duplas.
– Das simples, já temos alguns exemplos.
– Das duplas ou entrecruzadas, eis alguns exemplos:

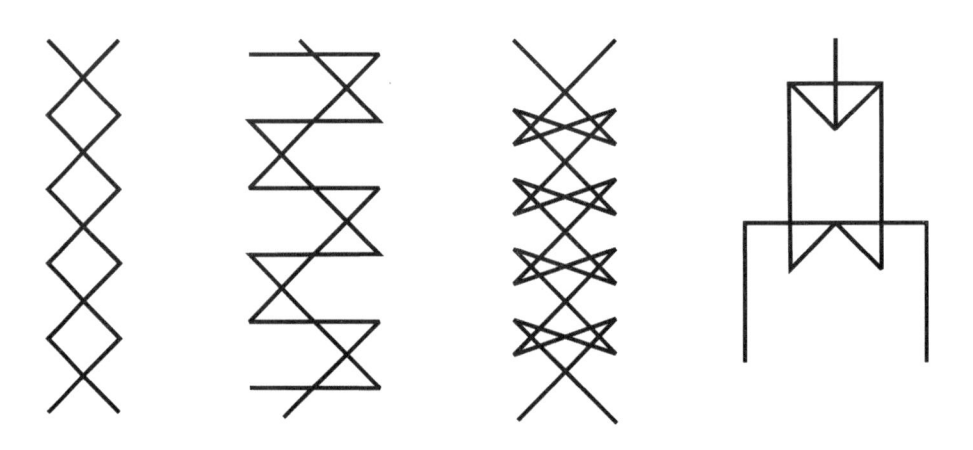

Se as ondas retráteis podem formar desenhos geométricos e símbolos magníficos, o mesmo fazem as ondas curvas-anguladas.
Exemplos:

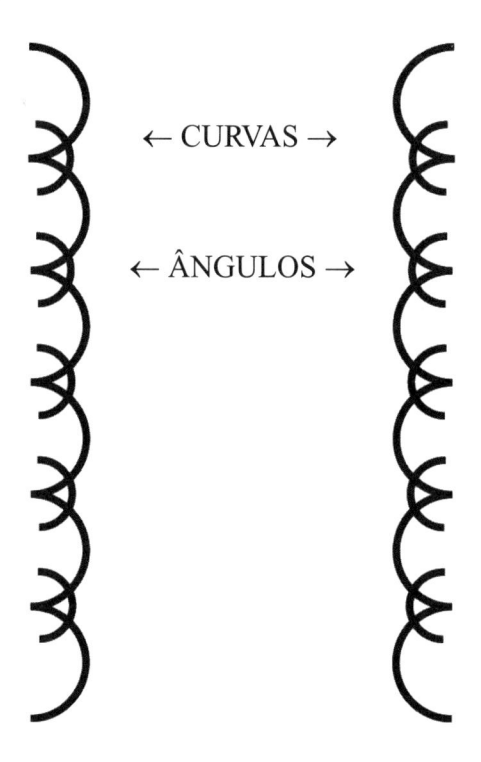

← CURVAS →

← ÂNGULOS →

E se elas se entrelaçam, então temos isto:

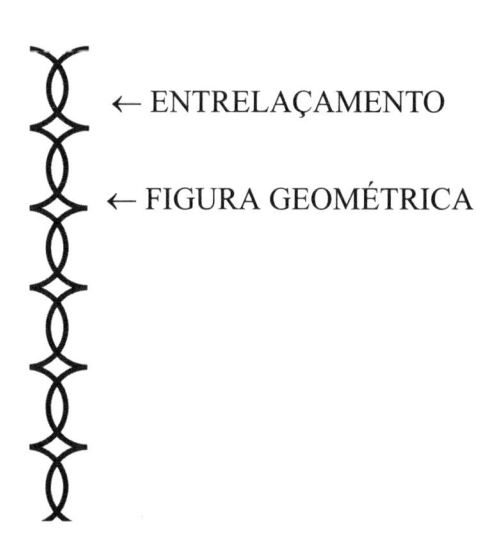

← ENTRELAÇAMENTO

← FIGURA GEOMÉTRICA

A curva, se longa ou curta, altera a função da onda, o seu trabalho, a sua frequência e a figura geométrica formada no seu entrelaçamento e o fator que transporta.

Enfim, a geometria está na Magia Riscada, ou será que a geometria surgiu a partir da Magia Riscada?

Afinal, antes de os gregos antigos criarem a geometria, a Magia Riscada já existia e era usada pelos magos iniciados nos seus símbolos e signos sagrados.

Chaves da Magia Riscada

As chaves da Magia Riscada são, resumidamente, estas:

1- (.) o ponto.

2 - (|) a linha.

3 - (⌒) o arco.

4 - (⋀) o ângulo.

5 - (○) o círculo.

6 - (—) o diâmetro.

7 - (⬡) o polígono.

O Ponto na Magia Riscada

O ponto tem um significado na geometria e outro no ocultismo, que é este:
– "**O ponto é o centro de tudo; é de onde tudo dimana e para onde tudo converge**".

O ponto também significa o centro da criação onde está Deus, irradiando-se para toda a sua criação contida na circunferência que simboliza o todo.

Na Magia Riscada, o ponto central é por onde passam todas as irradiações Divinas ou elas partem. Tudo depende do nosso objetivo.

Deus é representado (simbolicamente) pelo ponto central e pela circunferência, que forma um círculo perfeito à sua volta.

Na Magia Riscada, o ponto central é o local onde firmamos uma potência Divina (uma divindade de Deus) que comandará todo o trabalho a ser realizado.

É, também, o local onde colocamos toda a nossa atenção e vibração mental, pois é o centro eletromagnético do espaço mágico construído por nós e centraliza todas as ações que se realizarão após as evocações e as determinações mágicas que daremos, objetivando alcançar um resultado.

O ponto também tem o significado de simbolizar uma potência Divina.

Ele pode ser usado isoladamente ou em conjunto com outros pontos, com estes significando outras potências Divinas.

Eles podem ser inscritos (inseridos) nos espaços mágicos destas formas:

(.) ponto isolado (uma só potência).

(. .) dois pontos (duas potências em ação).

(∴) em triângulo (três potências em ação, criando um espaço mágico ou portal multidimensional triangular), sendo que eles podem ser inscritos destas formas:

O ponto também pode ser inscrito nas formas seguintes:

Formando espaços mágicos poligonais não riscados.

As Divindades de Deus

As divindades são mistérios e não devemos entendê-las segundo nosso antropomorfismo, que as descreve à imagem dos homens.

Sim, as religiões antigas deram às divindades descrições muito "humanas" e quando falamos que elas são mistérios Divinos, muitos tendem a imaginá-las "humanamente".

Quando falamos em mistério como sinônimo de divindade de Deus, estamos nos referindo à manifestação d'Ele nos seus mistérios Divinos, tanto os criadores quanto os sustentadores da criação e dos seres.

Uma divindade transcende nosso conceito humano e é, em si, uma manifestação (um mistério) do Divino Criador, e que independe de nossa vontade para existir e atuar em toda a criação por meio de uma "frequência" só sua, pela qual flui seu poder realizador.

Uma divindade não atua só sobre nós, que vivemos no plano material. Ela atua em toda a criação, tanto no lado material quanto no espiritual, em suas muitas dimensões e planos da vida, que se espalham por todo o universo, infinito em todos os sentidos.

Um mesmo símbolo mágico com poder de realização na Magia Riscada também tem o mesmo poder em todos os quadrantes do Universo e no lado espiritual.

O que muitos pensam ser um mistério são só seres de natureza Divina manifestadores dos mistérios.

O mistério da fé não tem feições porque é o que é: o mistério da fé do nosso Divino Criador, e é, em si, uma das manifestações dele, o senhor dos mistérios.

– Mas muitos são os seres de naturezas Divinas que manifestam esse mistério da fé do nosso Divino Criador.

Os mistérios do amor, do conhecimento, da justiça, da lei, da evolução e da geração não têm feições humanas ou outra qualquer, pois são em si mesmos manifestações do nosso Divino Criador. Mas muitos, muitíssimos mesmo, são os seres de natureza Divina que manifestam esses mistérios.

Esses seres Divinos nós denominamos divindades manifestadoras dos mistérios do nosso Divino Criador.

As hierarquias das divindades são muitas e tão numerosas que nunca saberemos o número de seres Divinos agregados a cada uma delas, já que as encontramos desde o nível vibratório mais próximo da nossa vibração "terra" até os níveis mais elevados da criação.

Em todo nível, dimensão ou plano da vida elas estão presentes, ativas e atuantes, regendo tudo e todos, indistintamente.

Na Magia Riscada, quando inscrevemos um símbolo ou signo mágico, não estamos ativando essa ou aquela divindade, mas, sim, estamos "grafando" um poder realizador do nosso Divino Criador e que, por si só, quando ativado, também ativará o mistério ali simbolizado e toda a hierarquia Divina que atua na frequência do símbolo ou signo inscrito em um espaço mágico.

Riscar Magia é inscrever em um espaço limitado um poder realizador atuante em toda a criação de Deus. Quanto às divindades que atuarão em nosso benefício a partir dele, são todas as que atuam na mesma frequência dos símbolos e signos que forem inscritos no espaço mágico.

Se for preciso a atuação de uma divindade regente de um dos níveis vibratórios próximos do nosso nível terra, ela atuará em nosso benefício. Mas se for preciso a atuação de uma divindade cujo campo de ação abarca todo o planeta e suas muitas dimensões e planos da vida, com absoluta certeza ela atuará assim que o espaço mágico riscado for ativado pelo seu criador aqui no lado material da vida.

Esperamos ter deixado claro o nosso conceito de mistério e de divindade, porque na Magia Riscada não há limite de alcance, já que o mago ativa poderes Divinos do mesmo "tamanho" da criação de Deus.

Os Tronos de Deus

Os Tronos são uma classe de divindades entre as várias que conhecemos, e que são estas: anjos, arcanjos, serafins, querubins, dominações, potências, gênios, devas, etc.

Os Tronos são um tanto desconhecidos porque pouco foi escrito sobre eles nos textos sagrados.

Nós temos à nossa disposição uma vasta literatura sobre os anjos e os arcanjos da cabala judaica. Mas nada, ou quase nada, tínhamos sobre os Tronos de Deus.

Saibam que um Trono é uma divindade "assentada" e por isso o seu nome: Trono!

Após certas revelações, ficamos sabendo que esta classe de divindades é muito mais importante para nós do que parece à primeira vista, pois os Tronos são os seres Divinos que dão sustentação à evolução dos espíritos desde o momento em que Deus os emana para que iniciem seus ciclos evolutivos, durante os quais vão sendo abertas as faculdades mentais e toda a nossa herança genética Divina guardada dentro do mental.

No momento em que somos "emanados" por Deus não somos mais que uma centelha viva e luminosa que pulsa continuamente. E, neste momento em que somos emanados pelo nosso Divino Criador, começa a atuação dos seus Tronos, pois somos atraídos pelos seus magnetismos mentais Divinos e somos ligados às suas ondas mentais, que passam a nos "alimentar" dali em diante e para sempre.

No momento em que somos ligados às ondas mentais de um Trono, um cordão energético começa a nos saturar com as suas energias mentais e estas trazem, em si, sua natureza Divina que nos imanta, magnetiza e individualiza lentamente para que, pouco a pouco, nós possamos "crescer" em todos os sentidos.

Os Tronos regem nossa evolução e são as divindades responsáveis pela nossa natureza íntima e pela abertura das nossas faculdades mentais e nossos dons naturais herdados de Deus, o nosso Divino Criador.

O ato de acendermos velas às divindades é benéfico e, se direcionadas aos Tronos, trazem um auxílio imediato, pois já temos ligações mentais com eles desde nossa emanação por Deus.

Eles formam sete hierarquias Divinas e que são estas:

– Tronos da Fé
– Tronos do Amor
– Tronos do Conhecimento
– Tronos da Justiça Divina
– Tronos da Lei Maior
– Tronos da Evolução
– Tronos da Geração

– Os Tronos da Fé regem a religiosidade dos seres.
– Os Tronos do Amor regem a concepção da vida.
– Os Tronos do Conhecimento regem o raciocínio e o aprendizado.
– Os Tronos da Justiça Divina regem o equilíbrio em todos os aspectos da criação e em todos os sentidos da vida.
– Os Tronos da Lei Maior regem o direcionamento dos seres e sobre os movimentos e a ordenação da criação e da vida em todos os seus aspectos e sentidos.
– Os Tronos da Evolução regem o saber, as passagens de estágios evolutivos e a transmutação da criação e da vida em todos os seus aspectos e sentidos.
– Os Tronos da Geração regem a geração e a criatividade existente em todos os aspectos e sentidos da criação Divina e dos seres, das criaturas e das espécies.

AS ONDAS VIBRATÓRIAS TEMPORAIS E AS ATEMPORAIS

Assim como dissemos que a Magia Riscada é formada a partir de traços "retos e curvos", que são ondas transportadoras de energias, de fatores e com funções específicas, afirmamos que todas as divindades de Deus têm duas formas de se irradiarem e se manifestarem porque são, em si, mistérios do Divino Criador.

Toda divindade atua e se manifesta (se irradia) de forma temporal e de forma atemporal.

Para entenderem o que, aqui, significam as palavras temporal e atemporal, vamos comentar essas duas formas dos mistérios de Deus, se irradiarem.

– Etimologicamente, "temporal" significa isso: temporário, passageiro; secular; profano; mundano; (anatomia) que se refere às têmporas; osso par, situado na parte lateral do crânio; s.m. tempestade.

Quanto à palavra "atemporal", não encontramos significados satisfatórios e, aqui no nosso comentário, significa atuação permanente, e que se aplica aos mistérios.

Atuação "temporal" dos mistérios da criação:

– As divindades de Deus atuam de forma temporal no lado da criação regido pelos ciclos e ritmos dessa mesma criação.

Elas são regidas nessas suas atuações pelo fator "tempo" e suas irradiações aumentam ou diminuem de intensidade e de carga energética segundo as necessidades de um ser ou do meio onde ele vive.

Mas quando o ser em seu meio entra em desequilíbrio vibratório e energético e seus padrões de captação dessas irradiações se alteram, deixa de captá-las e de ser beneficiado pelo que essas irradiações temporais trazem para ele e o seu meio.

Quanto às atuações atemporais das divindades, estas não dependem de "fator tempo", não são regidas pelos ciclos e ritmos da criação e têm permanentemente a mesma carga energética, independentemente das necessidades dos seres ou de o meio onde vivem precisar de mais ou menos energia, pois essas irradiações atemporais não se alteram nunca.

– As atuações temporais das divindades regem a evolução da criação e dos seres por meio dos ciclos e dos ritmos da natureza.

– As atuações atemporais das divindades independem do fator tempo e destinam-se a sustentar a criação como um todo, regulando até os ciclos e os ritmos da própria natureza.

Essas duas formas de atuação das divindades geram dois "lados" na criação: dimensões temporais e dimensões atemporais.

Aqui, a palavra dimensão assume o significado de "planos da vida", todos paralelos uns aos outros, cada um com seu grau magnético específico e com sua escala vibratória formada por "frequências" específicas, que formam faixas intradimensionais e que separam os seres pelo grau evolutivo de cada um.

Assim explicado, se em uma determinada dimensão vivem e evoluem inúmeros seres, no entanto estão separados por seus graus evolutivos e por suas "frequências mentais", e vivem em "realidades" ou meios diferentes entre si, mas todos contidos dentro do grau magnético da dimensão onde vivem.

O que comentamos parece de difícil entendimento, e é mesmo! Mas lembrem-se de que estamos comentando aspectos da criação totalmente diferentes da nossa realidade material, onde bons e maus vivem lado a lado, sem nada a separá-los senão os muros de suas casas.

Já no lado espiritual da vida ou em sua dimensão etérica, a separação de espíritos virtuosos e espíritos viciados não é feita por muros ou cercas divisórias e, sim, por faixas vibratórias cujas "frequências" atraem naturalmente os espíritos cujos magnetismos mentais vibram na mesma frequência.

Se a frequência ou vibração mental de um espírito é viciada ou negativa, ele está em uma faixa afim e também negativa. Mas se sua frequência ou vibração mental é virtuosa ou positiva, então ele vive em uma faixa afim e positiva.

A separação não acontece por isolamento em um determinado lugar, mas sim em uma faixa vibratória cuja frequência é específica e destinada aos seres afins com sua frequência.

Na verdade, todas as frequências vibratórias ocupam o mesmo "espaço", mas cada uma é, em si, uma realidade.

Entenderão o que explicamos aqui se tomarem como exemplo um aparelho de televisão: ele capta várias programações ou canais, bastando mudar de canal.

Um canal está transmitindo um jogo de futebol, outro está transmitindo uma telenovela, outro está transmitindo um filme de terror, outro... etc.

Se o televisor é o mesmo (mesmo plano), no entanto os programas dos muitos canais não são iguais porque cada um está transmitindo sua programação numa frequência só sua, e que tem por função não misturá-la com a programação de outro canal.

Todas as programações (frequências) estão passando pelo mesmo espaço mas em "vibrações" diferentes.

Assim como um televisor só capta a programação de um canal se for sintonizado nele, no astral um espírito só "acessa" a realidade (o canal) ao qual está sintonizado por suas vibrações mentais (seus sentimentos).

E assim como as programações não se misturam, as realidades ou faixas vibratórias não se misturam, ainda que todas coexistam em um mesmo espaço, e que é esse mesmo espaço do nosso lado material da vida.

Mas, assim como existem dimensões espirituais regidas por ciclos e ritmos da natureza, existem outras que não são regidas pelo "tempo". Nelas os ciclos e ritmos inexistem, porque elas são e sempre serão estáveis e imutáveis e suas realidades são sempre as mesmas, sendo uma só para cada uma delas, inexistindo o fenômeno das frequências vibratórias dentro delas.

Uma dimensão atemporal é o que é e nada muda dentro dela.

Além do mais, um outro mistério de Deus manifesta-se dentro das dimensões atemporais: se um espírito transportar-se para uma dimensão atemporal por meio de passagens específicas, poderá viver dentro dela e de sua realidade por um período de um milhão de anos que, ao retornar à sua dimensão temporal, estará retornando no mesmo instante em que se transportou para essa outra realidade atemporal e vice-versa.

O fenômeno tempo inexiste nelas, ainda que os espíritos regidos pelo fator tempo "sintam" que viveram nelas por um longo período de tempo.

Logo, para nós, temporal é sinônimo de tempo (ciclos e ritmos da natureza e da vida). Atemporal é sinônimo de ausência desses mesmos ciclos e ritmos.

Toda divindade de Deus tem essas duas formas de atuação e, para cada uma delas, se irradia de uma forma.

Para o lado atemporal da criação, as divindades se irradiam por meio de ondas curvas ou entrelaçadas.

Para o lado temporal da vida, elas se irradiam por meio de ondas retas ou entrecruzadas ou em ziguezague ou retráteis.

Com isso explicado, então que você, amigo leitor, apreciador da simbologia, leia corretamente todos os símbolos e signos, tantos os que verá neste livro quanto os de outros, muito mais antigos, que você possui ou que vier a adquirir, e saiba identificar um signo ou símbolo temporal ou atemporal.

Mas que fique bem entendido que todas as divindades de Deus que atuam na Magia Riscada têm duas formas de ser inscritas nos espaços mágicos, sendo uma forma em ondas retas e a outra em ondas curvas.

Mandala — Cabala — Ponto Riscado — Ondas Vibratórias

As palavras mandala, cabala e ponto riscado têm suas definições seculares e já muito conhecidas, as quais damos aqui:

- Mandala: a palavra mandala vem do sânscrito e significa mais ou menos isto: um símbolo ou vórtice que tanto pode estar-se irradiando do seu centro quanto uma irradiação pode estar refluindo para ele, pois toda mandala tem esta dupla função: irradiar e absorver energias.

- Cabala: interpretação alegórica e mística da Bíblia, entre os judeus; ciência oculta; etc. Do hebraico *kabbalah* (tradição).

- Ponto riscado: forma de inscrição mágica ou "Magia Riscada" usada na Umbanda pelos seus guias espirituais, à qual recorrem para firmar forças de segurança, de limpeza ou descarga de energias e espíritos negativos e para irradiação de energias positivas dentro do espaço religioso.

Para nós, aqui:
– Mandala é um espaço mágico ocupado pelas irradiações de uma única divindade.
- Cabala é um espaço mágico ocupado pelas irradiações de várias divindades.
- O Ponto Riscado ou Cabalístico é um espaço mágico ocupado pelas irradiações (ondas), símbolos e signos mágicos de várias divindades ou potências Divinas.

Como estamos "criando" todo um código para a Magia Riscada, também estamos usando certas palavras com significados já definidos em outros campos, mas adaptando-as ao que aqui comentamos, sempre preservando suas essências.

ONDAS VIBRATÓRIAS FUNDAMENTAIS

As ondas vibratórias fundamentais são aquelas que fluem por toda a criação, sejam elas temporais ou atemporais, transportando um único fator, realizando um único trabalho e tendo uma única função.

Elas formam modelos básicos e o que diferencia cada uma delas das outras similares é algo tão sutil que um leigo no assunto tomaria várias delas como uma mesma onda vibratória ou como uma mesma função.

Vejam estas ondas e confirmem o que estamos afirmando.

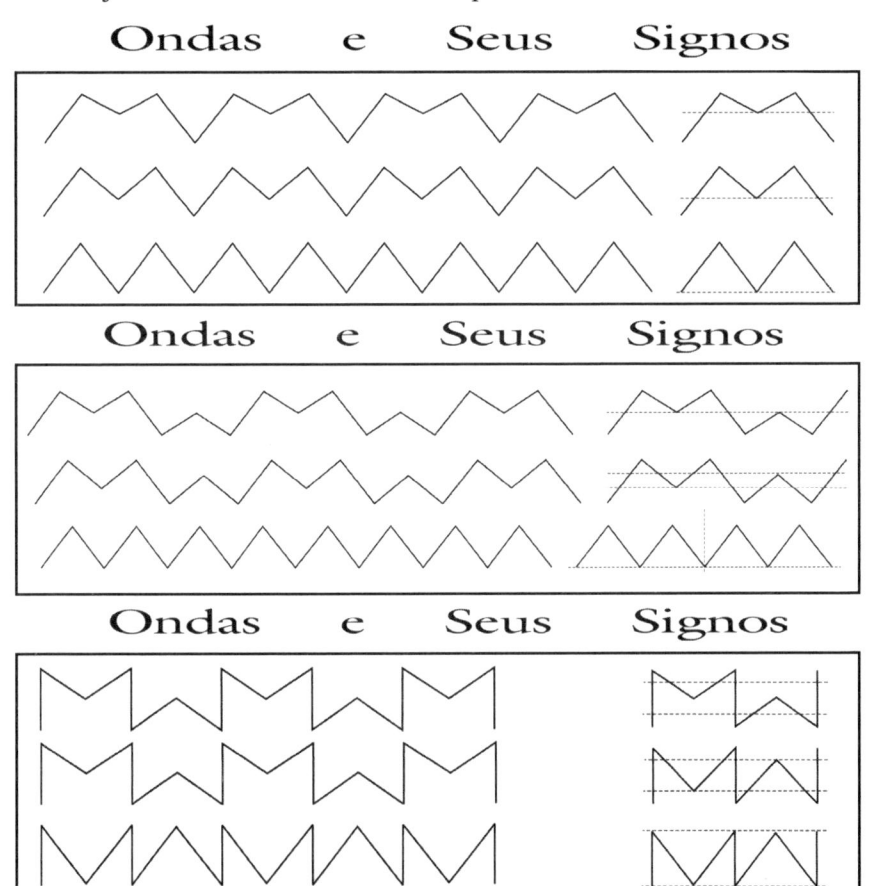

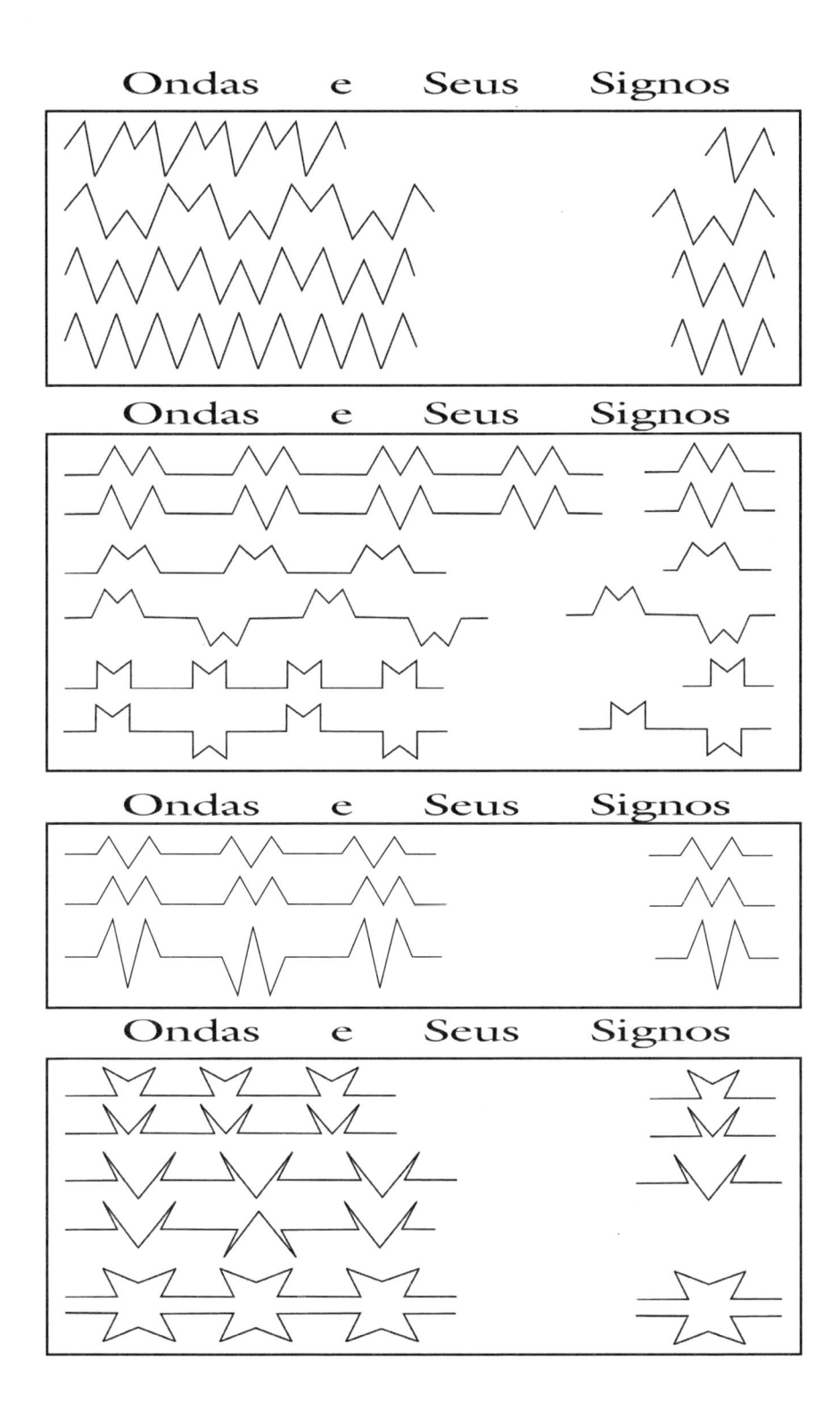

Mandala — Cabala — Ponto Riscado — Ondas Vibratórias 41

Ondas e Seus Signos

Ondas e Seus Signos

Ondas e Seus Signos

Ondas e Seus Signos

Ondas e Seus Signos

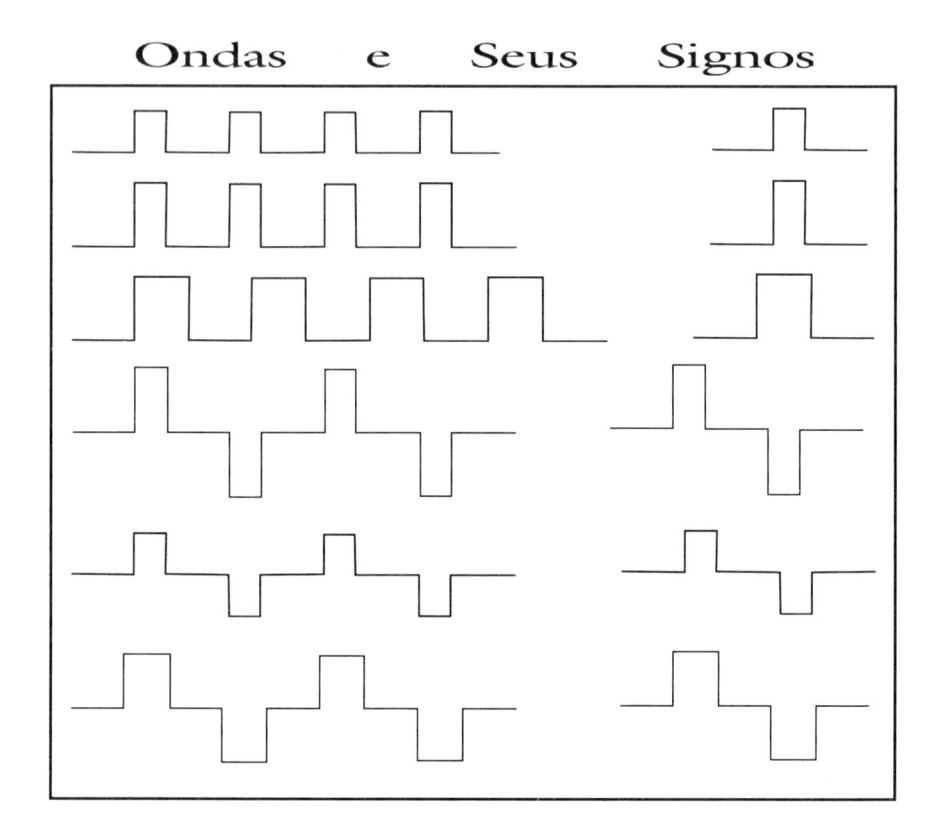

Ondas e Seus Signos

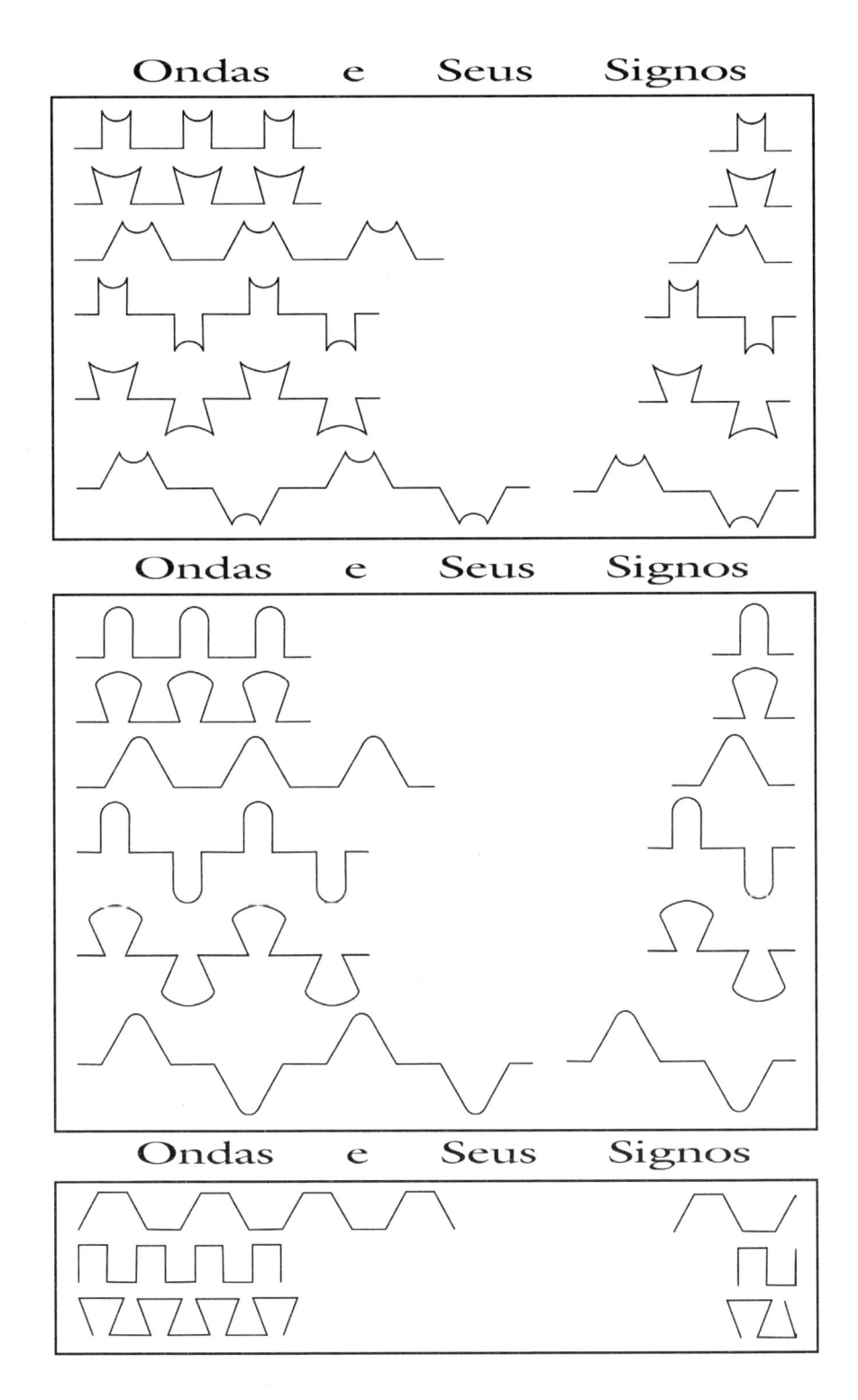

Mandala — Cabala — Ponto Riscado — Ondas Vibratórias 43

Ondas e Seus Signos

Ondas e Seus Signos

Ondas e Seus Signos

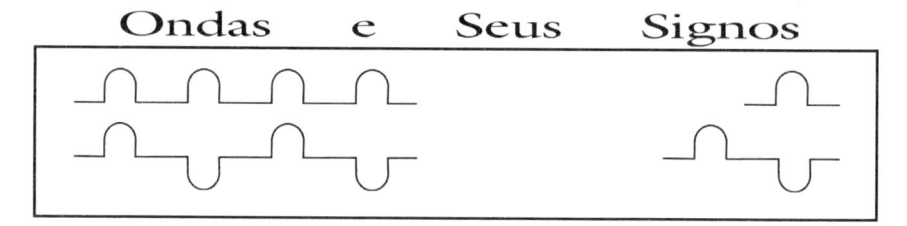

Ondas e Seus Signos

Ondas e Seus Signos

Ondas e Seus Signos

Ondas e Seus Signos

Mandala — Cabala — Ponto Riscado — Ondas Vibratórias 45

Ondas e Seus Signos

Ondas e Seus Signos

Ondas e Seus Signos

Ondas e Seus Signos

Ondas e Seus Signos

Ondas e Seus Signos

Mandala — Cabala — Ponto Riscado — Ondas Vibratórias 47

Ondas e Seus Signos

Ondas e Seus Signos

Mandala — Cabala — Ponto Riscado — Ondas Vibratórias   49

Ondas e Seus Signos

Ondas e Seus Signos

As Posições das Ondas Vibratórias no Círculo

As ondas vibratórias são irradiações Divinas projetadas desde o primeiro plano da vida pelas divindades manifestadoras dos mistérios do nosso Divino Criador.

A cada plano elas vão se multiplicando, misturando (entrecruzando ou entrelaçando) e formando as telas vibratórias irradiadoras dos fatores gerados pelos poderosos mentais Divinos "fatorais".
– No primeiro plano elas geram fatores.
– No segundo plano elas geram essências.
– No terceiro plano elas geram elementos.
– No quarto plano elas geram complementos.
– No quinto plano elas geram compostos.
– No sexto plano elas geram complexos.
– No sétimo plano elas geram plasmas.

A cada plano elas vão se expandindo e se abrindo nos seus retornos, nos seus entrecruzamentos e nos seus entrelaçamentos, aumentando suas funções. Suas posições também alteram suas funções puras e vão assumindo novas funções.
Exemplo: Onda Movimentadora de Iansã.
A cada plano, um novo entrelaçamento!

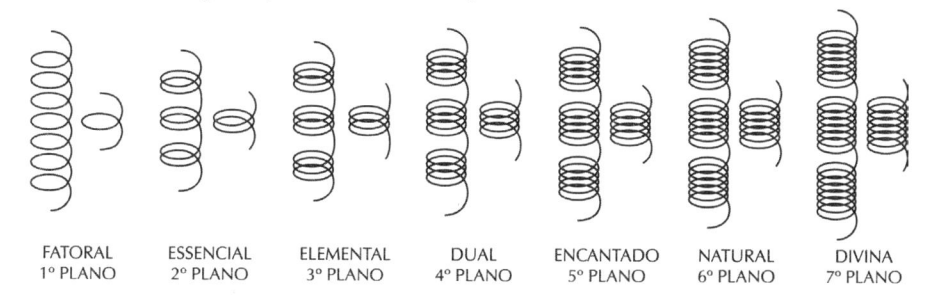

| FATORAL | ESSENCIAL | ELEMENTAL | DUAL | ENCANTADO | NATURAL | DIVINA |
| 1º PLANO | 2º PLANO | 3º PLANO | 4º PLANO | 5º PLANO | 6º PLANO | 7º PLANO |

– Esta onda, como todas as outras de todas as divindades, no plano fatoral só faz um entrelaçamento.
Ex.: desenho ou onda fatoral.

– Já no segundo plano ela faz dois entrelaçamentos.
Ex.: desenho ou onda essencial.

– No terceiro plano ela faz três entrelaçamentos.
Ex.: desenho ou onda elemental.

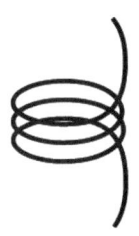

– No quarto plano ela faz quatro entrelaçamentos.
Ex.: desenho ou onda dual.

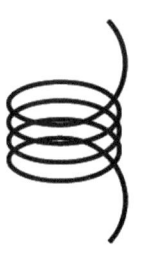

– No quinto plano ela faz cinco entrelaçamentos.
Ex.: desenho ou onda encantada.

– No sexto plano ela faz seis entrelaçamentos.
Ex.: desenho ou onda natural.

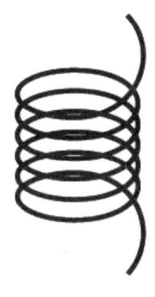

– No sétimo plano ela faz sete entrelaçamentos.
Ex.: desenho ou onda celestial.

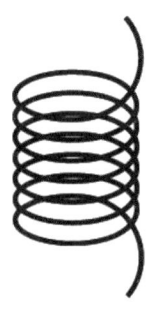

As Posições das Ondas Vibratórias no Círculo 53

Esta onda, inscrita verticalmente, tem a função de transportar e irradiar o fator movimentador gerado por essa divindade. Mas, se esta mesma onda for inscrita com seus entrelaçamentos voltados para o lado oposto ou para o lado direito, sua função muda totalmente, tornando-se uma onda vibratória fatoral direcionadora. Ex.: Onda Fatoral Movimentadora e Onda Fatoral Direcionadora.

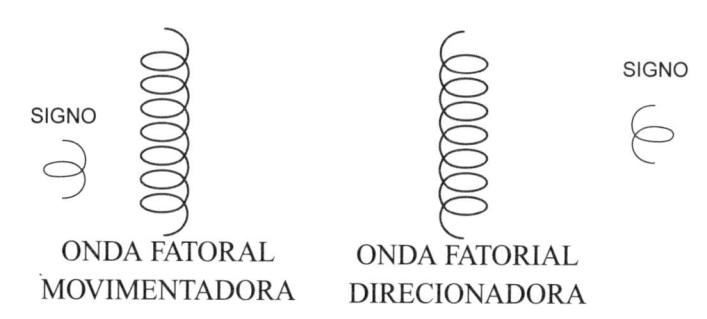

ONDA FATORAL
MOVIMENTADORA

ONDA FATORAL
DIRECIONADORA

E se ela for inscrita horizontalmente, com os entrelaçamentos voltados para cima ou para o alto, sua função será a de estabilizar. Ex.: Onda Vibratória Fatoral Estabilizadora.

ONDA VIBRATÓRIA FATORAL
ESTABILIZADORA

Mas se ela for inscrita com seus entrelaçamentos voltados para baixo, sua função será a de paralisar. Ex.: Onda Vibratória Fatoral Paralisadora.

ONDA VIBRATÓRIA FATORAL
PARALISADORA

Se ela for inscrita no sentido noroeste-sudeste, há duas formas de inscrevê-la, gerando duas novas funções: Ex.: Onda Fatoral Catalisadora ou Decompositora e Onda Fatoral Atrativa.

ONDA FATORAL CATALIZADORA
OU DECOMPOZITORA

ONDA FATORAL
ATRATIVA

Mas se ela for inscrita no sentido nordeste-sudoeste, há mais duas formas de inscrevê-la, gerando mais duas funções. Ex.: Onda Fatoral Decantadora e Onda Fatoral Transmutadora.

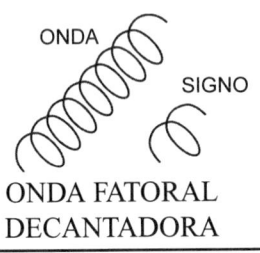

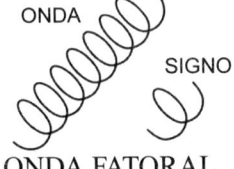

ONDA FATORAL
DECANTADORA

ONDA FATORAL
TRANSMUTADORA

Inscrevendo-as entrelaçadas, temos duplas funções para elas em cada um dos sentidos:

Norte-sul: Onda Fatoral dupla ou com dupla função: movimentadora-direcionadora.

Noroeste-sudeste: Onda Fatoral dupla, ou com dupla função: catalizadora-atrativa.

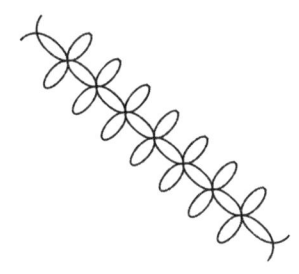

ONDA FATORAL DUPLA OU COM DUPLA FUNÇÃO: MOVIMENTADORA-DIRECIONADORA

ONDA FATORAL DUPLA OU COM DUPLA FUNÇÃO: CATALIZADORA-ATRATIVA

Leste-oeste: Onda Fatoral dupla, ou com dupla função: estabilizadora-paralisadora.

Nordeste-sudoeste: Onda Fatoral dupla ou com dupla função: decantadora-transmutadora.

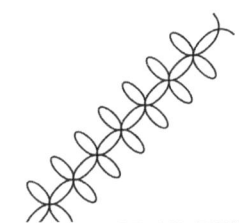

ONDA FATORAL DUPLA OU COM DUPLA FUNÇÃO: ESTABILIZADORA-PARALIZADORA

ONDA FATORAL DUPLA OU COM DUPLA FUNÇÃO: CATALIZADORA-TRANSMUTADORA

As Posições das Ondas Vibratórias no Círculo   55

Somando-se um mesmo tipo de onda, mas com múltiplas funções, pois conforme for inscrita sua função muda, em um mesmo espaço mágico, temos uma poderosíssima "Mandala da Lei".

MANDALA

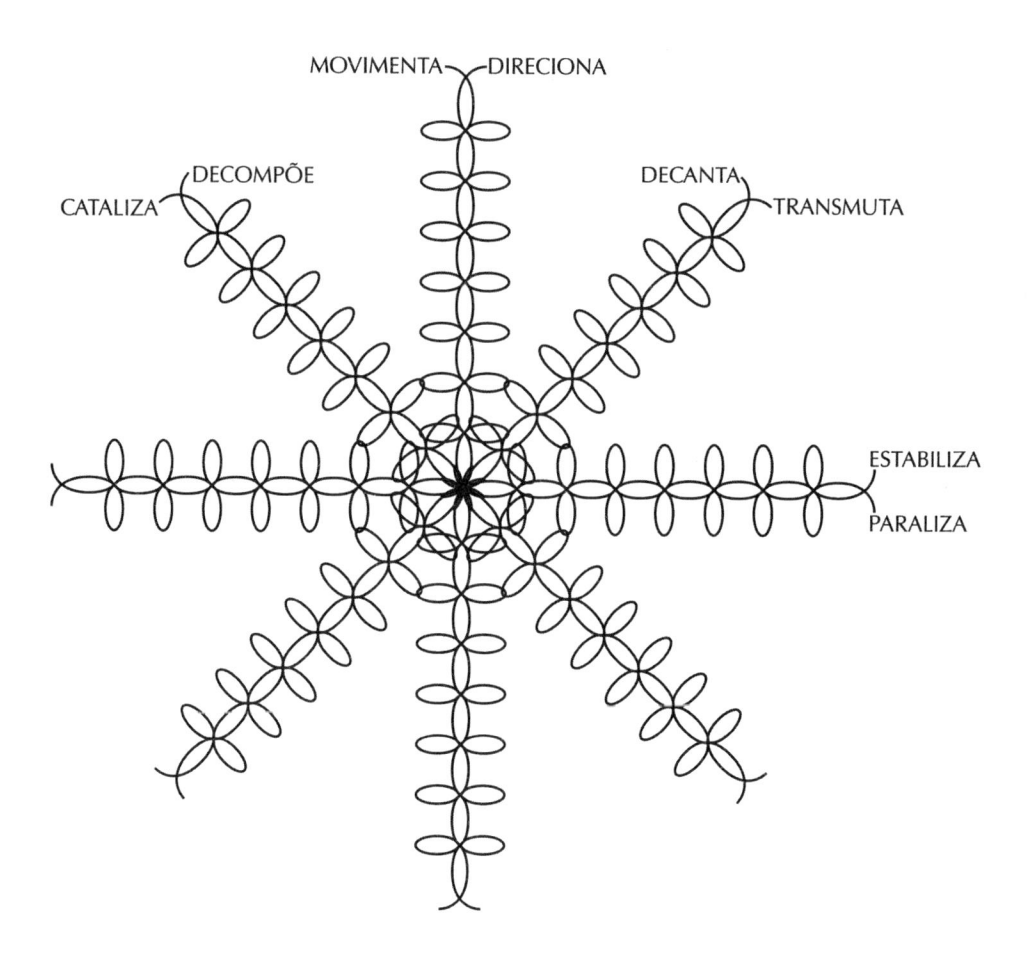

MOVIMENTA — DIRECIONA
DECOMPÕE
CATALIZA
DECANTA
TRANSMUTA
ESTABILIZA
PARALIZA

E temos aí um poderoso símbolo sagrado:

Esse exemplo sobre um único "modelo" de onda fatoral deve ser suficiente para ilustrarmos a complexidade da Escrita Mágica Divina e serve para demonstrarmos o quão pouco se sabia sobre o Mistério das Escritas Mágicas Riscadas pelos seus adeptos e praticantes, não?

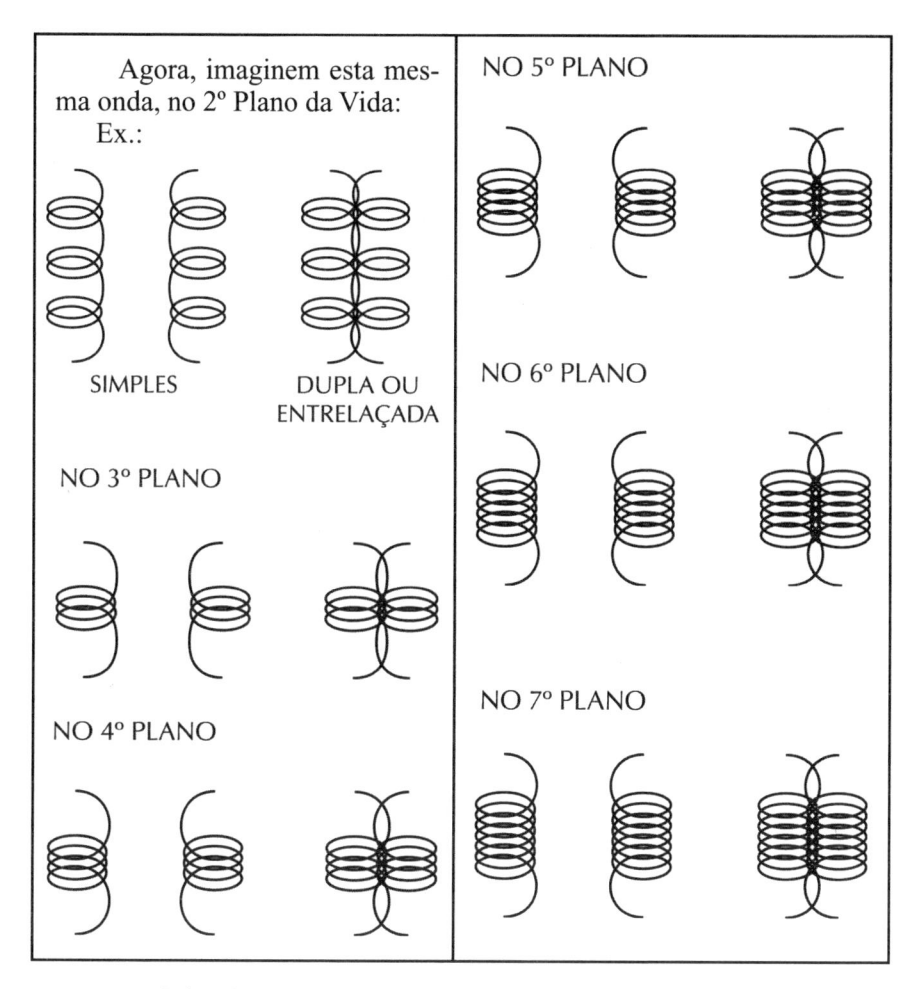

Agora, imaginem esta mesma onda, no 2º Plano da Vida:
Ex.:

SIMPLES   DUPLA OU ENTRELAÇADA

NO 3º PLANO

NO 4º PLANO

NO 5º PLANO

NO 6º PLANO

NO 7º PLANO

Uma única forma de onda irradiada por uma divindade, dependendo da sua posição, possui várias funções:

– Então, com isso entendido, será que o signo simbolizador desta onde tem a mesma função ou significado, não importando a sua posição no espaço mágico?

A resposta é óbvia e, dependendo da posição do signo inscrito em um espaço mágico, o trabalho que realizará será o mesmo que o da onda na sua posição.
Exemplos:

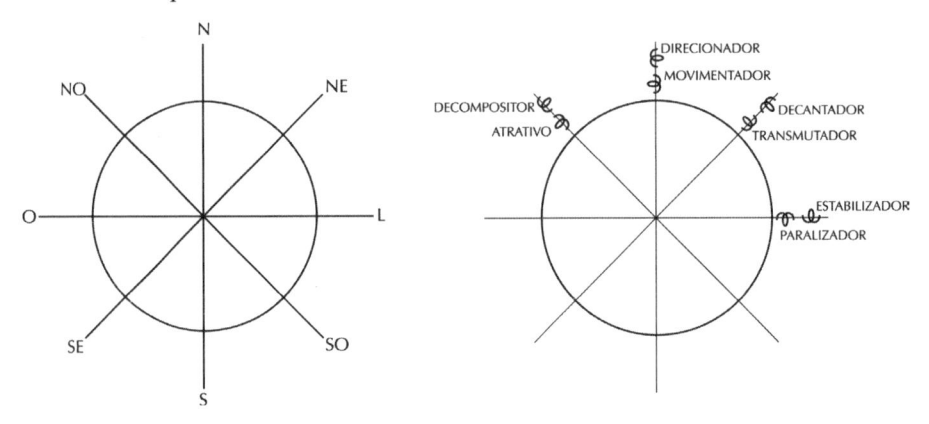

As posições em que os signos são riscados ou inscritos determinam suas funções em um mesmo espaço mágico.
Ex.:

|ᴈ SIGNO MOVIMENTADOR
|ε SIGNO DIRECIONADOR
ᴞ SIGNO PARALIZADOR
ᴛ SIGNO TRANSMUTADOR
ε SIGNO DECOMPOSITOR
ᴈ SIGNO ATRATIVO
ᴞ SIGNO TRANSMUTADOR
ε SIGNO DECANTADOR

As Posições das Ondas Vibratórias no Círculo 59

A posição precisa de uma onda ou do seu signo determina a sua função e o que realizará após ser inscrito e ativado pelo Mago autorizado a riscá-lo.

– Será que as pessoas que trabalham com a escrita mágica ou Magia de pemba sabiam disso?

– Não, respondemos nós, os responsáveis pela abertura desse mistério ao plano material.

Se duvidam do que aqui escrevemos, então procurem em toda a face da terra um livro ou manuscrito de qualquer época e de qualquer autor que explique o que aqui ensinamos.

Procurem nos grandes Magos do passado antigo, da Idade Média, ou dos séculos subsequentes e, se encontrarem uma única abordagem tão minuciosa como a nossa, então mudaremos o nome desse nosso livro, que será trocado para: cópia do livro ou dos manuscritos de fulano de tal.

Mas, se não encontrarem algo similar, então estudem com atenção tudo o que aqui ensinamos e usem os símbolos ou espaços mágicos aqui abertos por nós .... e bons resultados para vocês, que confiarem.

Tal como fizemos com essa onda vibratória espiralada, todas as outras que mostraremos serão muito bem descritas e saberão qual ou quais divindades as irradiam e regem, assim como saberão o que realizam quando riscadas e ativadas por alguém com outorga para riscá-los.

Não seremos vagos ou especuladores do que desconhecemos.

O que encontrarão neste nosso livro *O Código da Escrita Mágica Simbólica* serão conhecimentos fundamentais.

Saibam que, mesmo este signo-desenho, se inscrito sozinho, tem uma única função, mas se nós o unirmos com outro, então teremos um signo ou onda vibratória mista e com dupla função.

MOVIMENTA ϶ + MAGNETIZA | = ϙ

ONDA MISTA   SIGNO MISTO

Ex.:
Parece complicado, não?
Para entender melhor e descomplicar tudo, prossigamos!

Se até aqui pareceu difícil, saibam que uma Divindade de Deus é um mistério tão magnífico, que seu mental é capaz de gerar e irradiar tantas ondas fatorais quantas forem necessárias para suas ações Divinas.

A noção que temos das divindades é muito vaga e totalmente antropomórfica, como se elas fossem humanas.

Mas, em verdade, uma divindade transcende essa nossa ideia humana do Universo Divino e uma única divindade é capaz, por si só, de sustentar a evolução de um espírito que a adote como sua "Guia Divina", e é capaz de sustentar toda uma religião, um domínio astral, um dos aspectos da criação, etc., porque uma Divindade é uma manifestação de Deus, é sua "exteriorização" numa "frequência" específica, e ela é o mistério que o manifesta através de suas vibrações mentais.

Com isso explicado, saibam que, na Magia Riscada, o círculo simboliza o "todo" e, como na circunferência com seus 360 graus, cada grau é uma função que a divindade realiza na criação.

Portanto, quantas forem as necessidades, tantas serão as ondas irradiadas pelas divindades.

Ondas Vibratórias Mistas

As ondas vibratórias mistas são resultantes da união, cruzamento, junção ou entrelaçamento de duas ondas, cada uma com uma função específica na criação.

Como mostramos uma onda pura do Trono Feminino da Lei no capítulo anterior, vamos nos servir dela para, unindo-a a ondas de outros Tronos, criar novas funções e novos signos e símbolos mágicos.

Se a onda vibratória fatoral movimentadora do Trono Feminino da Lei tem esta forma: seu desenho e sua função é dar movimento às "coisas"; no entanto, quando ela se funde com ondas de outros Tronos, incorpora à sua função original as funções das ondas deles.

Exemplo de Ondas Mistas:

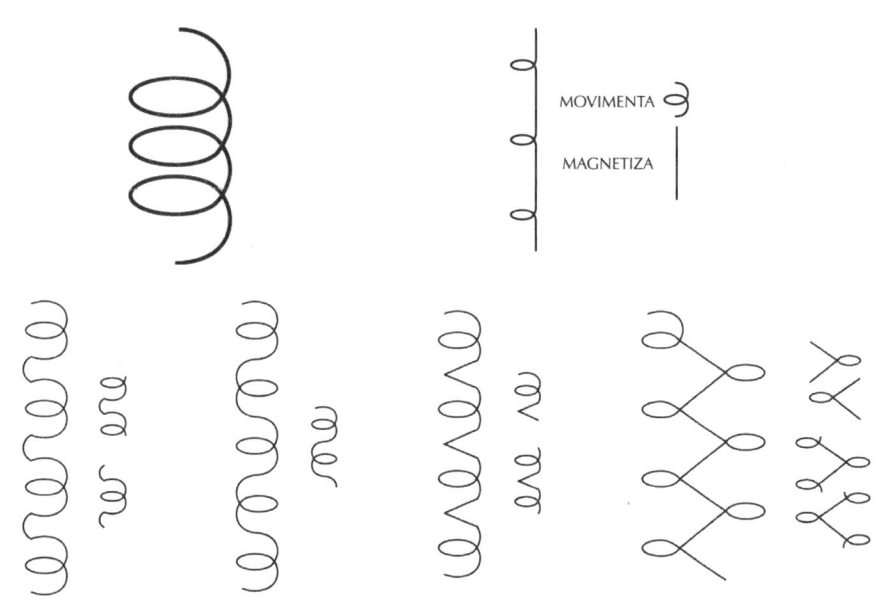

O Código da Escrita Mágica Simbólica

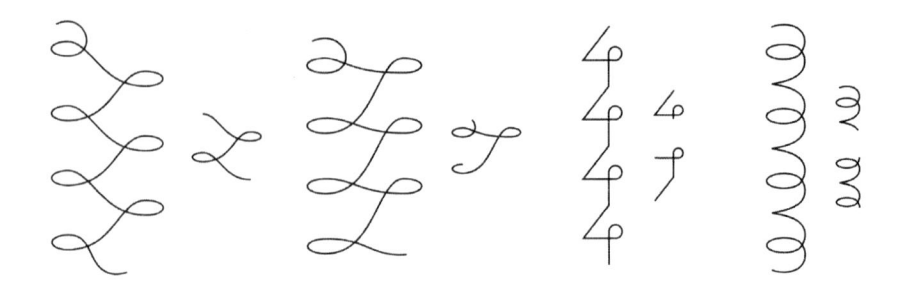

Ondas Vibratórias Mistas

MANDALA

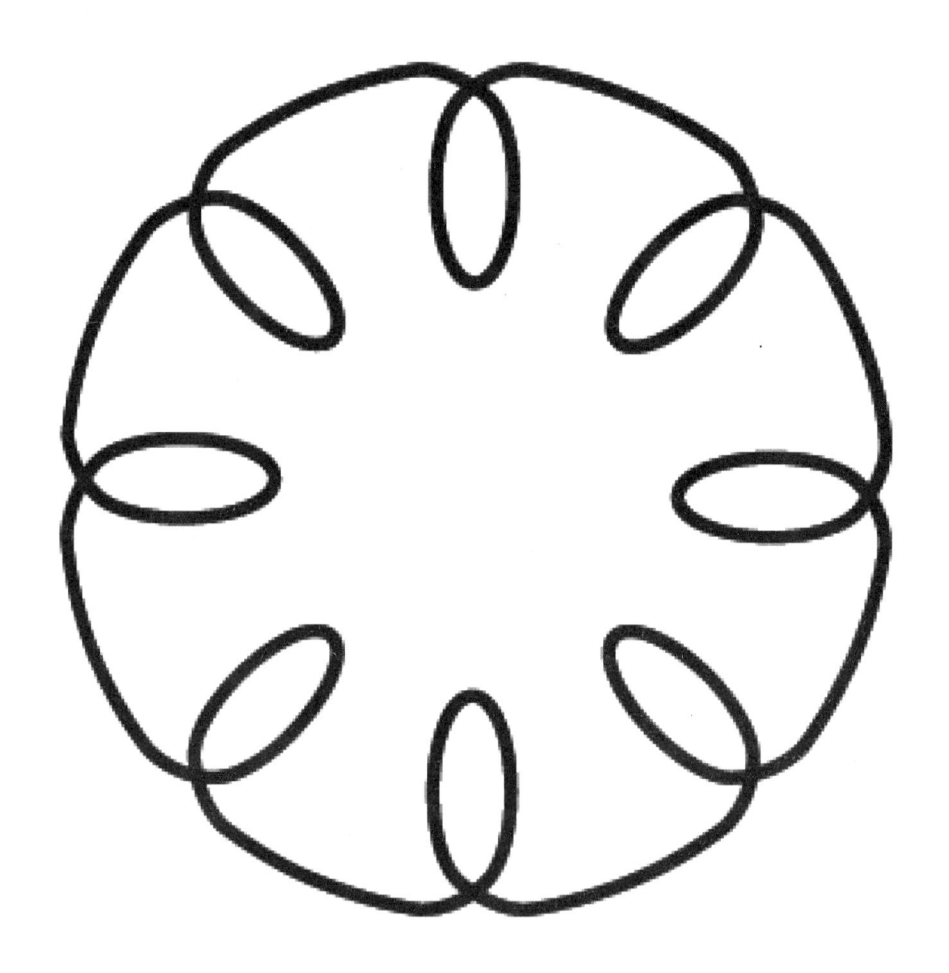

MANDALA

Ondas Vibratórias Mistas 65

A seguir, vejam alguns dos signos mágicos formados a partir da fusão de uma onda pura do Trono da Lei com outras ondas, de outros Tronos:
Signos mistos ou com mais de uma função:

Signos Mistos

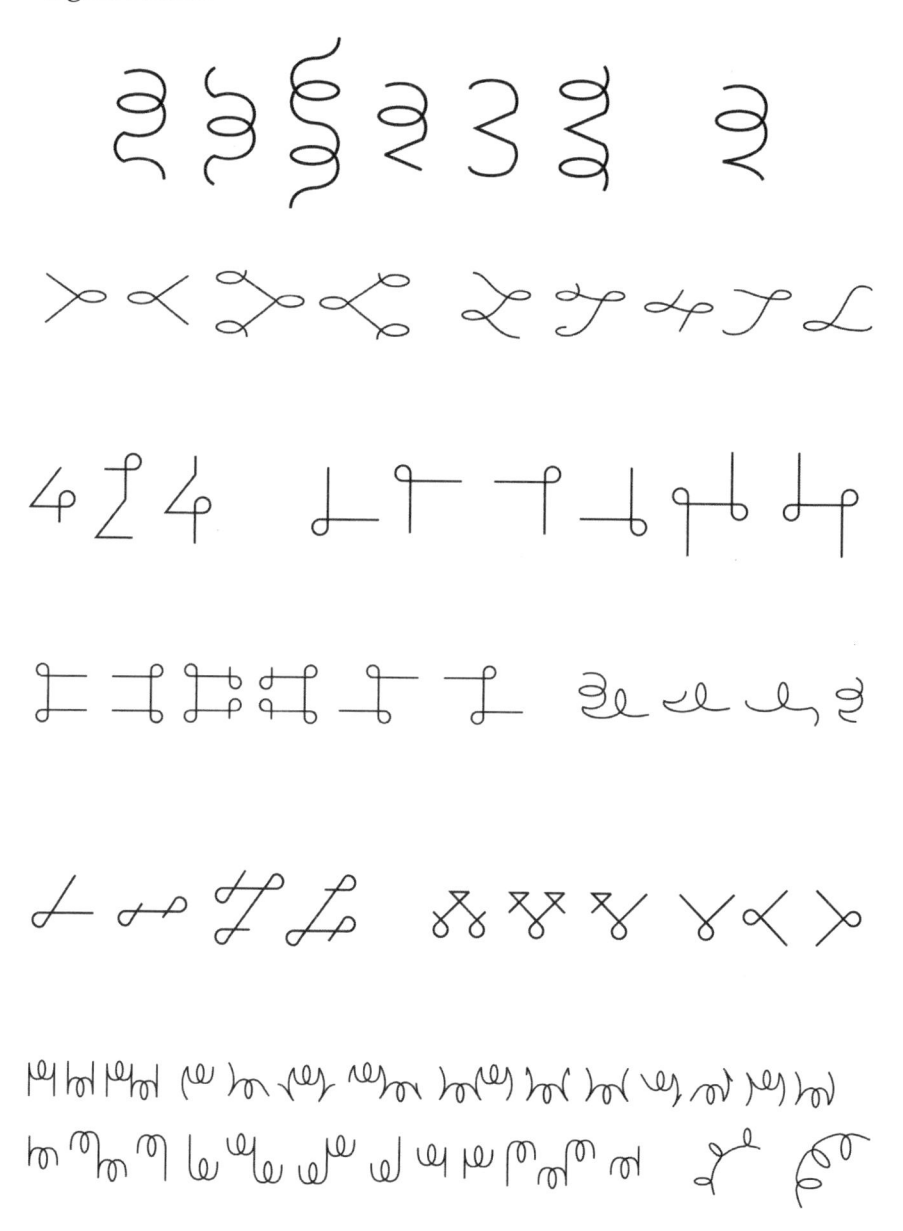

Os Espaços Mágicos

Espaço mágico é o local onde o Mago trabalha. Nele são inscritos símbolos e signos com poder de realização, pois são representações gráficas ou geométricas dos poderes evocados.

Há vários tipos de espaços mágicos, cada um com um alcance. Os mais usados são o triangular, o em cruz e o em círculo. Mas todos são poderosos e capazes de concluir toda uma ação mágica desencadeada pelo seu ativador.

O espaço mágico perfeito é o em círculo, já que nele estão os oito polos cardeais mágicos, tal como em uma bússola estão os oito pontos cardeais magnéticos do planeta.

O espaço mágico em círculo é complexo e só conhecendo-o a fundo conseguimos entender seu real funcionamento.

O círculo representa o todo, a criação de Deus. E o ponto em seu centro simboliza o criador, de onde tudo dimana e para onde tudo converge.

O círculo, na Magia, também simboliza a pessoa a ser auxiliada e é a representação gráfica do seu mental (o ponto central), os seus campos vibratórios, os seus campos protetores eletromagnéticos e o seu campo mediúnico, todos possíveis de serem alcançados caso a pessoa seja colocada dentro dele.

O espaço mágico circular com seus oito pontos cardeais representam o mental da pessoa e as suas oito entradas e saídas de forças.

Este é o espaço mágico circular:

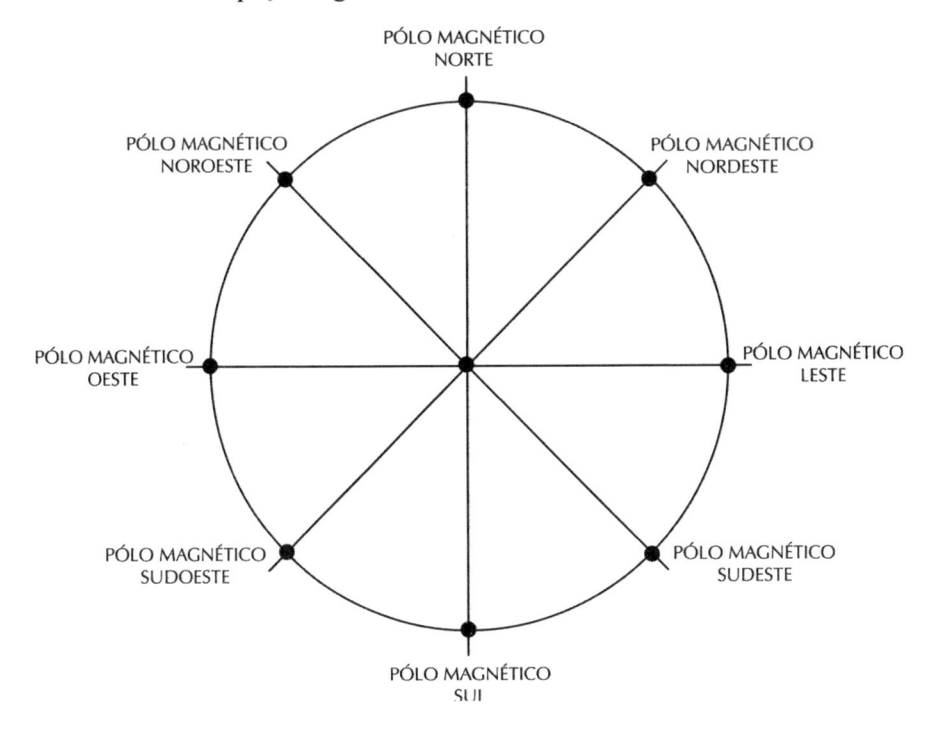

(Diagrama circular com oito pólos magnéticos: NORTE, NORDESTE, LESTE, SUDESTE, SUL, SUDOESTE, OESTE, NOROESTE)

— O mental de forma ovalada também tem os dez eixos eletromagnéticos que provêm do infinito sendo que, se vistos superficialmente, dão a impressão de que são apenas cinco e que o cruzam ou o atravessam nestas direções:
Eixo norte-sul;
Eixo leste-oeste;
Eixo noroeste-sudeste;
Eixo frontal-posterior

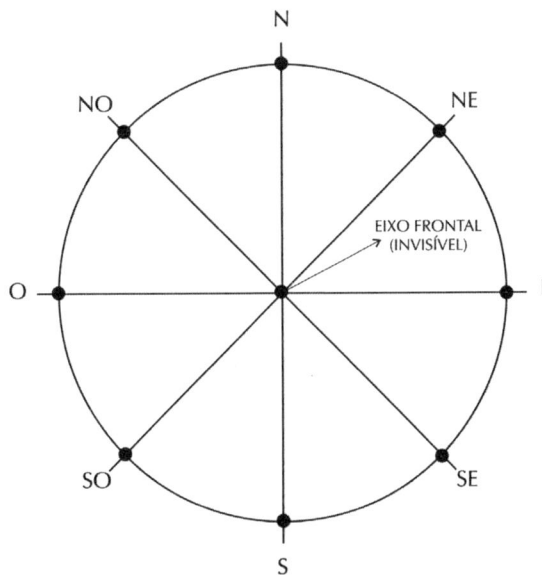

(Diagrama circular indicando N, NE, L, SE, S, SO, O, NO e EIXO FRONTAL (INVISÍVEL))

Na verdade, são dez entradas e saídas de forças, energias, vibrações, etc., que nos influenciam o tempo todo, e a qualidade do que nos enviam depende dos nossos sentimentos, dos nossos pensamentos e do nosso grau de consciência sobre o que é certo e o que é errado.

No círculo mágico, cada eixo é dividido em sete graus vibratórios ou magnéticos, criando oito escalas com suas faixas vibratórias, cada uma numa posição, tal como no desenho gráfico abaixo:

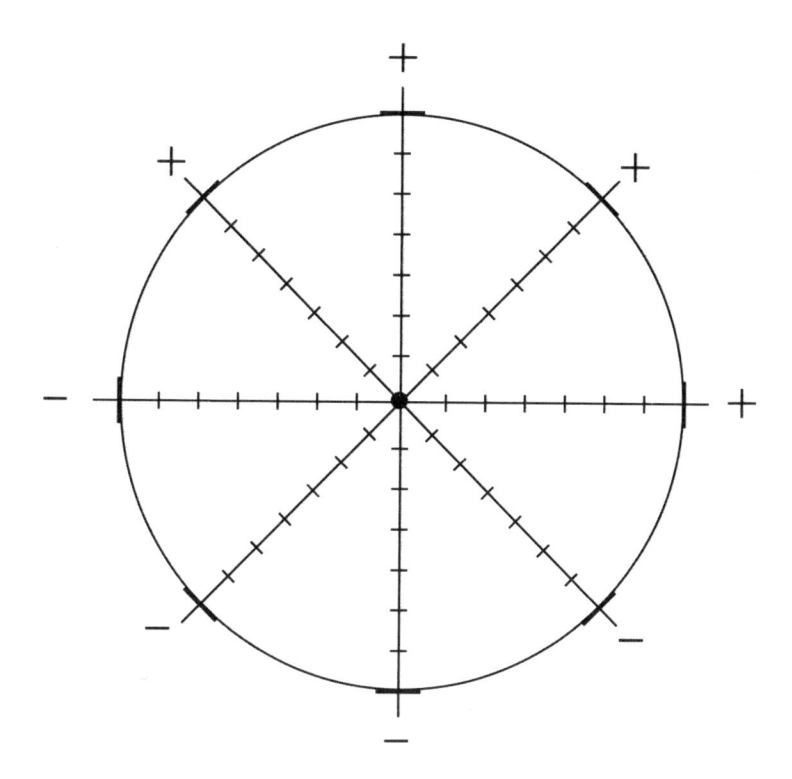

– Os sinais (+) identificam os polos magnéticos cujas irradiações energéticas são classificadas como passivas.

– Os sinais (-) identificam os polos magnéticos cujas irradiações energéticas são classificadas como ativas.

A irradiação central, por estar de frente para nós na tela plana, não é mostrada, mas ela existe também no espaço mágico circular.

Pois bem, o círculo, tal como o descrevemos com cada eixo subdividido em sete graus, reproduz a contento a tela plana com seus entrecruzamentos ou polos eletromagnéticos nos quais estão assentadas as divindades intermediárias, regentes dos níveis vibratórios.

A tela plana é esta:

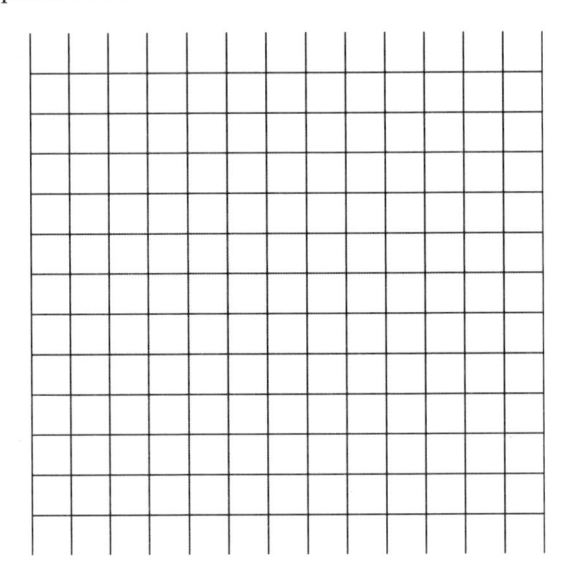

O círculo, com seus oito polos mágicos cardeais, é assim:

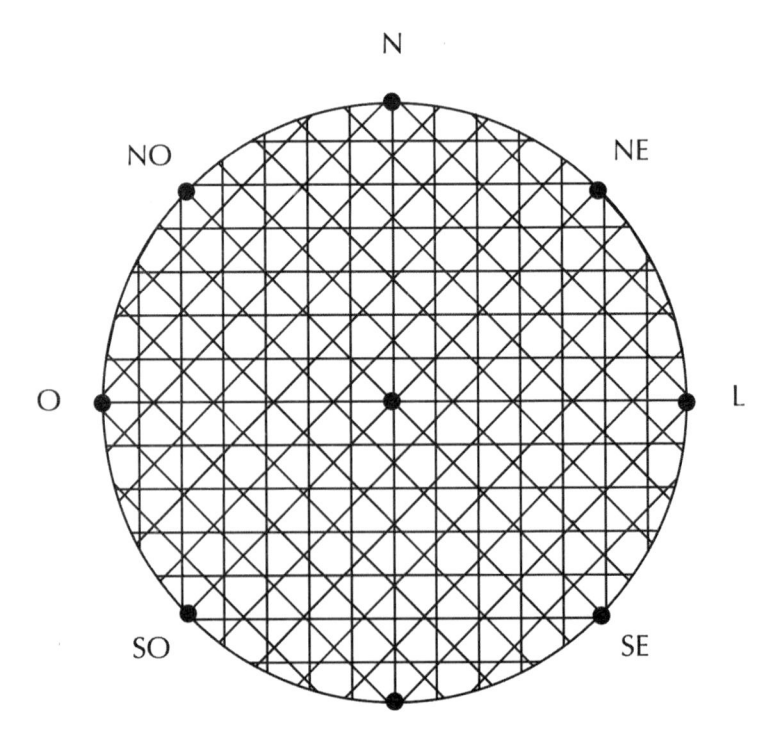

Os Espaços Mágicos   71

O nosso mental também tem essa tela dentro dele, só que ela não é plana e, sim, se reproduz em todas as posições, ficando visível de qualquer ângulo que a observarmos. Ela é esférica e multidimensional, reproduzindo a macroescala vibratória divina dentro de um espaço reduzido, como é o mental humano, um pouco maior que um limão.

Essa reprodução da escala magnética divina no mental das pessoas, mais uma vez confirma a máxima ocultista que afirma que "o macro se reproduz (está) no micro".

Essa reprodução atende a um princípio divino que registra os pensamentos e os sentimentos dos seres e os colocam em sintonia vibracional com as faixas etéricas por onde fluem suas vibrações mentais.

As vibrações mentais emitidas pelas pessoas são enviadas para faixas vibratórias afins, e delas o ser recebe pelos eixos as energias, também afins, que alimentarão seu mental.

Vamos explicar detalhadamente como isto acontece:

1-) O eixo vertical ou eixo norte-sul, a partir do ponto central do círculo, cria duas escalas magnéticas, uma positiva e outra negativa.

Ex.:

PONTO NEUTRO DAS ESCALAS MAGNÉTICAS

ESCALA COM SETE GRAUS MAGNÉTICOS POSITIVOS

ESCALA COM SETE GRAUS MAGNÉTICOS NEGATIVOS

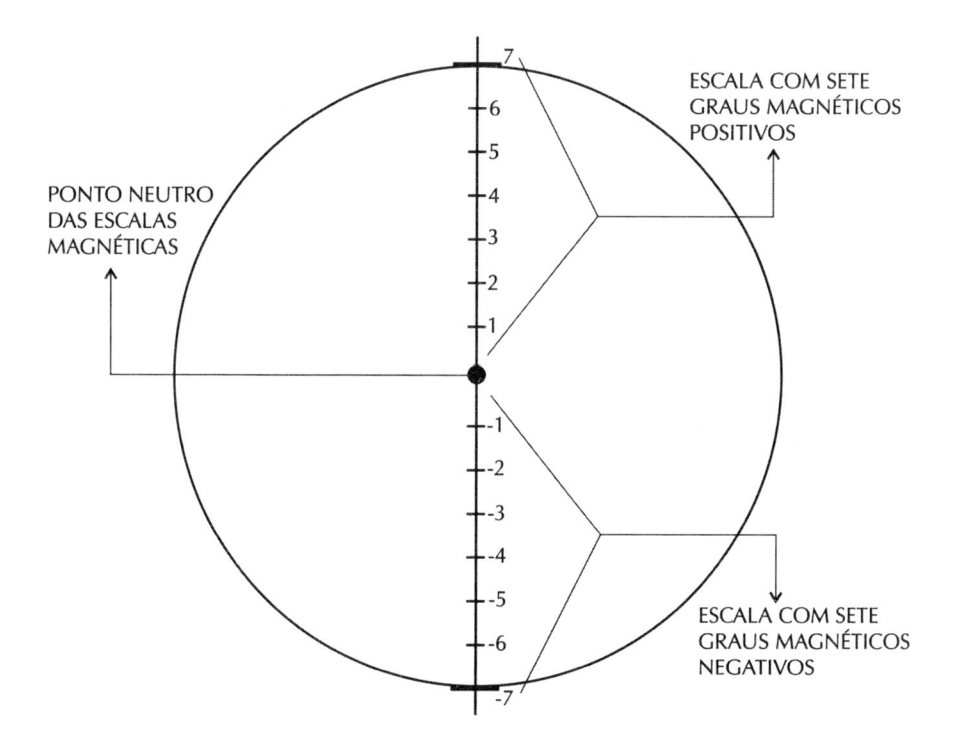

Teoricamente, estamos localizados no ponto neutro separador dessas duas escalas, já que a escala positiva existente dentro do nosso mental reproduz as sete faixas vibratórias positivas habitadas pelos espíritos virtuosos, também conhecidas como sete faixas ou planos da luz.

E a escala magnética negativa existente dentro do nosso mental reproduz no micro (nós) as sete faixas vibratórias negativas habitadas pelos espíritos viciados ou desequilibrados, também conhecidos como sete faixas ou planos das trevas.

Se temos estas duas escalas verticais, é nelas que são registrados os nossos pensamentos e os nossos sentimentos, e são elas, após registrá-los, que regulam o grau vibratório do nosso mental, indicando se nos encontramos mentalmente positivos, neutros ou negativos.

Pensamentos e sentimentos de fé, amor, esperança, bondade, etc. nos "elevam" conscienciallmente e graduam nosso mental em algum dos seus graus magnéticos positivos. Com isso sintonizamos alguma faixa vibratória positiva da qual recebemos fluxos energéticos positivos benéficos para o nosso espírito, que absorve, através de todos os seus chacras, energias que realimentam o ser no seu todo e fortalecem ainda mais os sentimentos e pensamentos positivos vibrados mentalmente pelo ser, beneficiando-o ainda mais.

Pensamentos e sentimentos de ódio, inveja, ciúmes, soberba, etc. nos "abaixam" conscienciallmente e graduam nosso mental em algum dos seus graus magnéticos negativos. Com isso sintonizamos alguma faixa vibratória negativa, da qual recebemos fluxos energéticos negativos nocivos para o nosso espírito, que absorve, através de todos os seus chacras, energias que realimentam o ser no seu todo e fortalecem ainda mais os sentimentos negativos vibrados mentalmente por eles, prejudicando-o ainda mais.

Escala vertical de ressonância dos pensamentos e dos sentimentos:

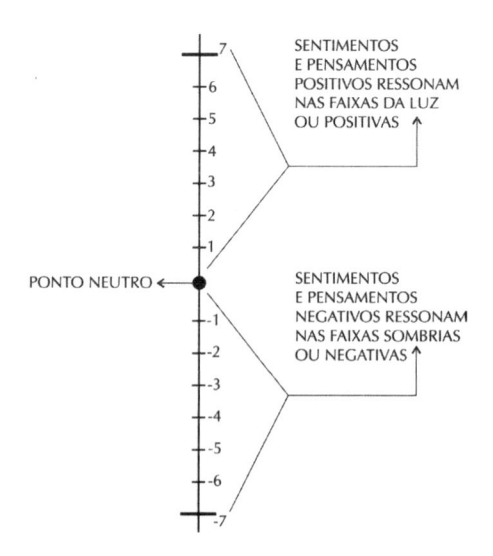

Os Espaços Mágicos

Mas a escala magnética vertical, com seus sete graus magnéticos positivos e sete graus magnéticos negativos, também se reproduz nas posições cardeais leste-oeste, nordeste-sudoeste e noroeste-sudeste; tal como vemos abaixo:

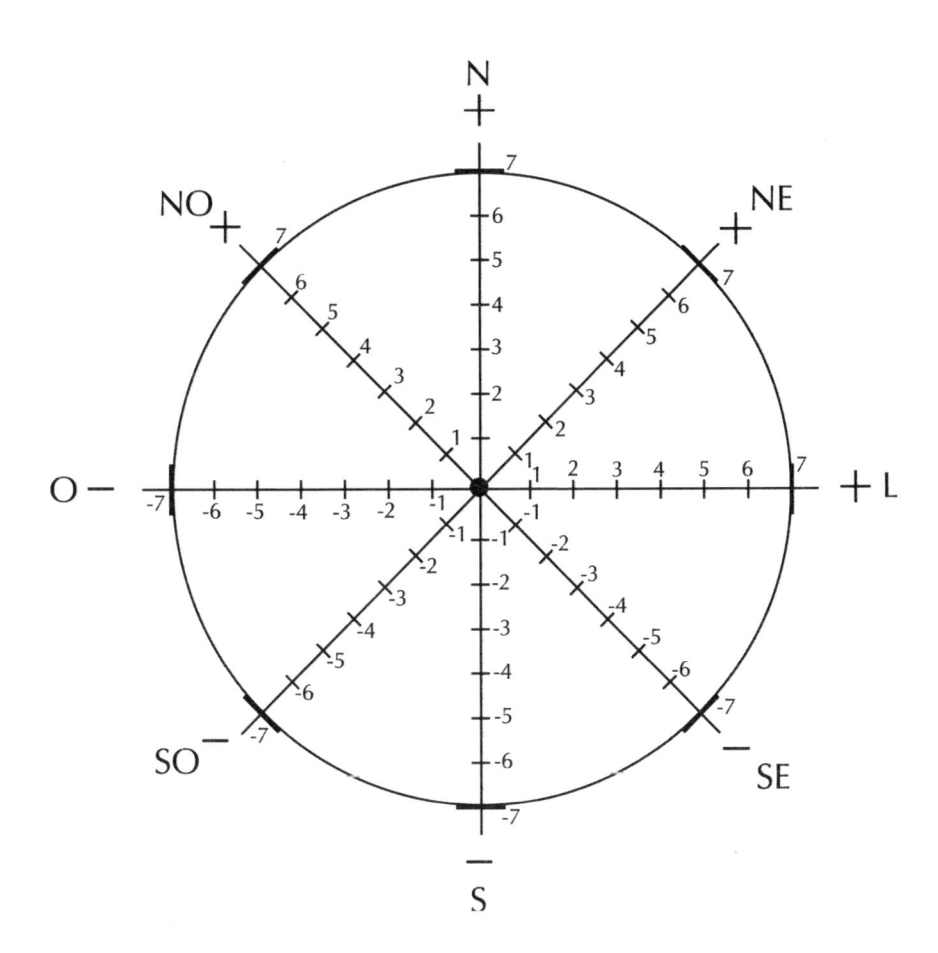

São quatro escalas positivas e quatro escalas negativas.
Saibam que a qualidade dos sentimentos não desloca o mental só para cima ou para baixo.
Não. O deslocamento acontece para a direita ou para a esquerda também.
Exemplo:
Um sentimento de amor eleva o ser. Mas a qualidade desse sentimento pode deslocá-lo para cima e para a direita ou para cima e para a esquerda.

Exemplo: uma pessoa que vê tudo o que Deus criou com amor, respeito e reverência, desloca-se mental e consciencialmente para cima e para a direita e, se o seu deslocamento foi de três graus magnéticos, então ela se encontra nesta posição:

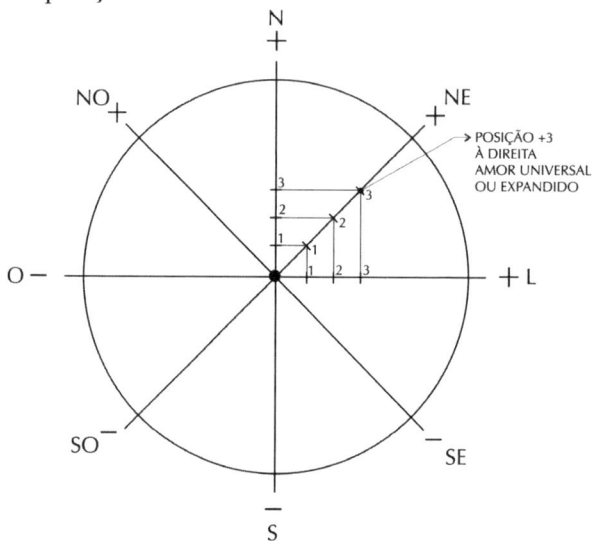

POSIÇÃO +3
À DIREITA
AMOR UNIVERSAL
OU EXPANDIDO

Mas se outra pessoa ama apenas sua esposa, ou seu filho, ou seus pais e irmãos, seu deslocamento pode elevá-lo ao grau três positivo, mas, por ser um amor limitado e concentrado em alguns poucos seres, então o deslocamento mental será para + 3 à esquerda, tal como vemos no gráfico abaixo:

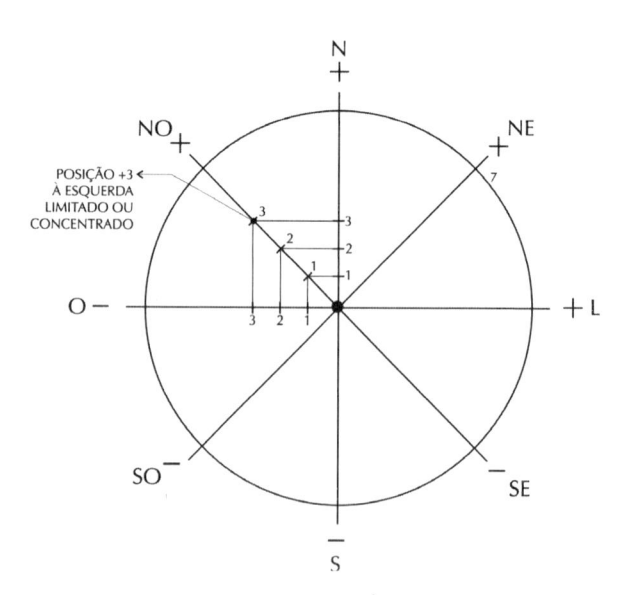

POSIÇÃO +3
À ESQUERDA
LIMITADO OU
CONCENTRADO

Os Espaços Mágicos　　　　　　　　　75

E com os sentimentos e pensamentos negativos acontece algo semelhante, mas nas faixas abaixo da linha horizontal L-O. Ex.: Uma pessoa alimenta sentimentos e pensamentos de mágoa, tristeza, remorso, impotência, inferioridade, etc., então seu mental se negativa para - 2, (por exemplo, pois o grau depende da intensidade com que estes sentimentos são vibrados pelo ser, certo?), e seu real grau vibratório mental é este:

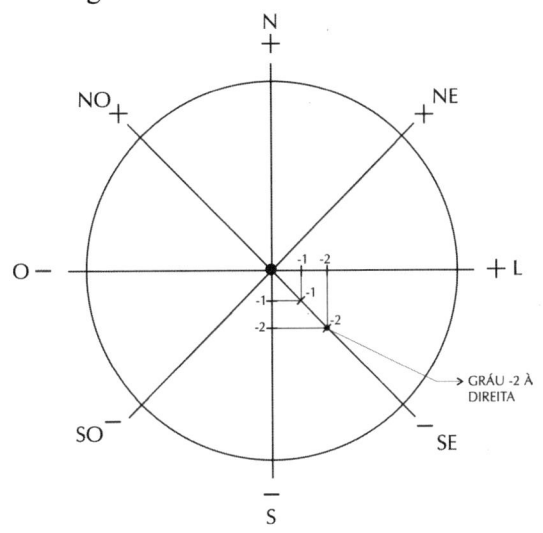

Mas se os sentimentos e pensamentos negativos são de ódio, inveja, ambição, homicídio, paixão e desejos desenfreados, então o deslocamento será para baixo e para a esquerda, - 4, por exemplo:

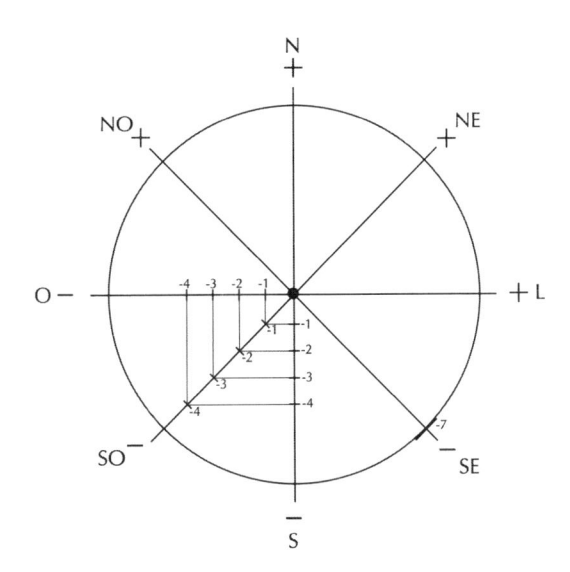

Em uma tela plana toda cortada pelas posições cardeais mágicas, teremos estas quatro posições mentais dos nossos exemplos:

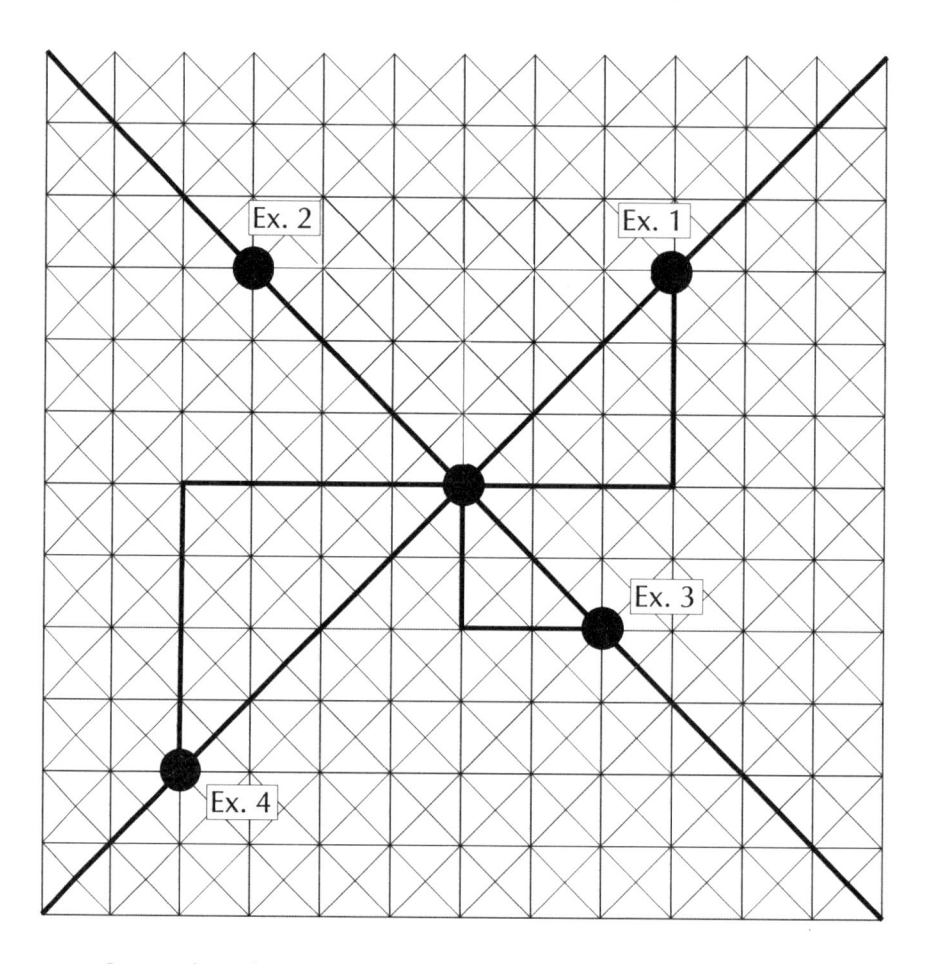

Quatro tipos de magnetismo, quatro graus magnéticos diferentes, quatro posições diferentes e, se teoricamente estamos aqui no plano material, mental, vibracional e consciencialmente, estas quatro pessoas estão diametralmente opostas e muito distantes do ponto neutro das escalas magnéticas mentais. Consequentemente, cada uma delas está exposta em espírito a fluxos energéticos e atuações espirituais diferentes, que certamente determinarão sua qualidade de vida de cada uma e os benefícios ou malefícios que estão recebendo no retorno das suas vibrações mentais.

Retomando o nosso comentário sobre os espaços mágicos, sabem agora por que o círculo é o espaço mágico perfeito, não?

Se não, então saibam que o espaço mágico triangular é limitado a este campo do círculo ou da tela plana:

Os Espaços Mágicos

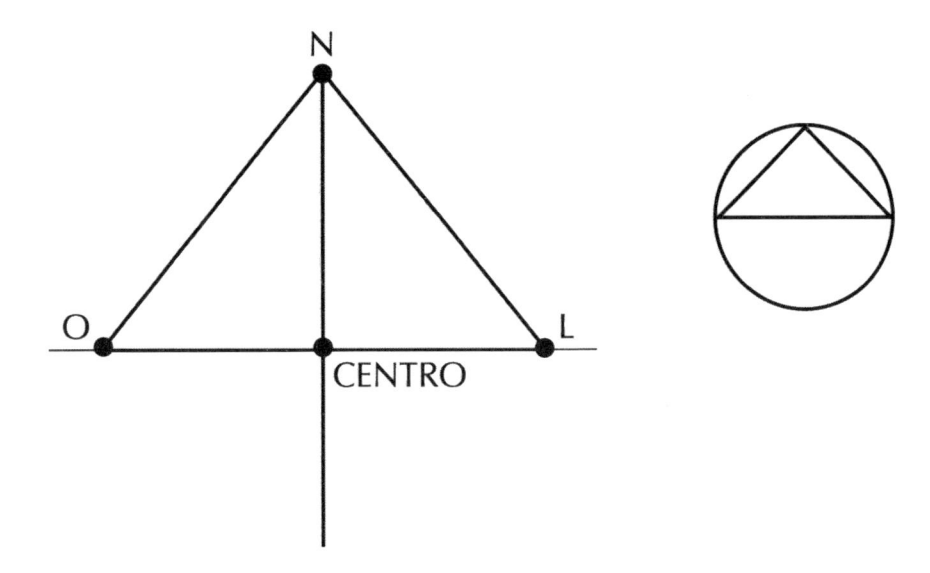

– O espaço mágico em cruz limita-se a este campo na tela plana ou no círculo:

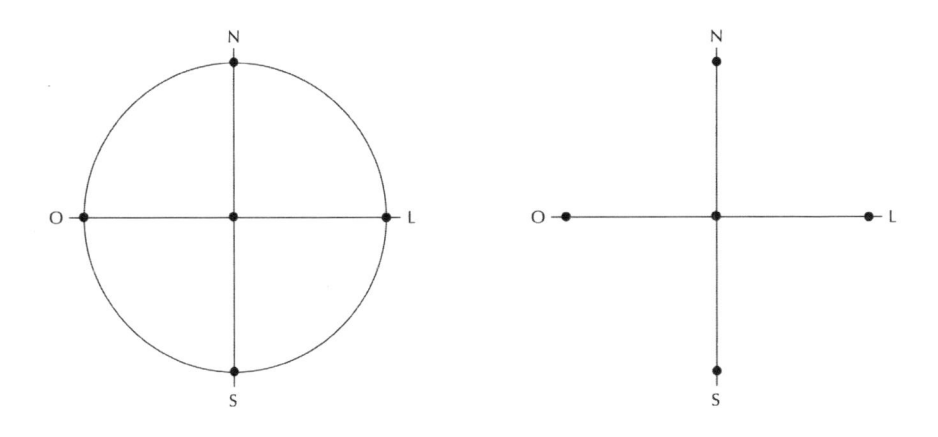

As Telas Vibratórias dos Tronos

As irradiações dos Tronos são vivas, Divinas, universais e multidimensionais e formam telas irradiadoras de energias ou absorvedoras e anuladoras delas, se forem de padrão negativo.

As telas irradiadoras têm início nos Tronos, que não são divindades como costumam ser descritos, mas sim mentais divinos excelsos e tão poderosos que, se dermos a eles formas humanas, estaremos limitando seus mistérios, cuja grandeza transcende nosso atual grau de percepção das realidades Divinas.

Esta nossa limitação deve-se ao nosso atual grau evolutivo, todo ele firmado em conceitos atrelados aos nossos recursos interpretativos e explicativos terrenos, todos voltados para a explicação de outras realidades segundo a nossa visão antropomórfica.

Nós temos essa necessidade imperativa de explicarmos os mistérios divinos a partir da nossa visão humana. Mas, de fato, uma divindade de Deus não é um ser que possa ser descrito como se fosse um espírito humano, limitadíssimo em si mesmo pelo seu grau evolutivo.

Por isso, se usamos o termo "tela vibratória" é porque necessitamos de recursos gráficos (as telas planas) para explicar as irradiações vivas, universais e multidimensionais dos senhores Tronos, os nossos regentes divinos e os responsáveis pela evolução que aqui acontece, seja ela a dos seres, a das criaturas ou a das espécies.

Assim compreendido, saibam então que as telas vibratórias não são teias estáticas formadas por ondas vibratórias desconectadas, mas, sim, gigantescos e multidimensionais mentais vivos e divinos, dentro dos quais estamos todos nós, assim como estão dentro deles os seres que vivem em outras dimensões da vida, muito mais habitadas que a nossa dimensão material, limitada em função das limitações do nosso planeta, este, sim, sem possibilidade de ser aumentado ou expandido.

Saibam que as dimensões paralelas ou "espirituais" expandem-se ou contraem-se natural e automaticamente segundo as necessidades de espaço dos seus habitantes.

Essas expansões e contrações são regidas por mecanismos divinos, ativados pelos senhores Tronos Regentes sempre que acham necessário expandir ou contrair as dimensões existentes dentro do "complexo planetário" existente aqui neste ponto do Universo, ao qual chamamos de planeta Terra.

Saibam que se isso é possível, só o é porque os Senhores Tronos de Deus são os concretizadores excelsos da obra de Deus, denominada Criação Divina.

Até a "concretização" da matéria obedeceu a esta atribuição excelsa dos senhores Tronos.

Nós, em nosso livro *A Gênese Divina de Umbanda*, descrevemos os sete planos da vida pelos quais os seres realizam seus trânsitos evolutivos e informamos que no 1º plano da vida fluem ondas vibratórias fatorais ou geradoras e irradiadoras de Fatores de Deus...

Assim, temos sete planos da vida e sete classes de ondas vibratórias, que são:

1º Plano – ondas fatorais (de fatores).
2º Plano – ondas essenciais (de essência).
3º Plano – ondas elementais (de elementos).
4º Plano – ondas duais (bipolares).
5º Plano – ondas encantadas (tripolares).
6º Plano – ondas naturais (de natureza).
7º Plano – ondas celestiais (de celeste).

Estas sete classes de ondas vibratórias transportadoras de energias vivas repetem suas formas originais em todos os sete planos da vida.

Portanto, uma onda fatoral "congregadora" do Trono fatoral da fé tem o mesmo "modelo" da onda natural do Trono natural da fé, que tem sua regência planetária e multidimensional no 6º Plano da Vida.

Com isso entendido, então podemos afirmar que uma onda, seja ela fatoral ou natural, sempre "fluirá" da mesma forma, sendo que as únicas alterações que ocorrem relacionam-se ao tipo ou padrão de energias que geram e irradiam, ao diâmetro ou "calibre" delas e ao meio por onde passam, saturando com seus fatores a tudo e a todos.

Assim, se nos referirmos à tela vibratória do Trono da Fé, ou de qualquer um dos outros, não a chamaremos de fatoral, ou elemental, ou celestial, etc., porque todas têm o mesmo modelo e as mesmas funções na vida dos seres e na criação divina.

O Surgimento das Telas Vibratórias dos Tronos de Deus

A tela vibratória de um Trono surge em função do crescimento espontâneo de uma de suas ondas, geradoras e irradiadoras de suas energias vivas mentais, sendo que cada uma tem uma finalidade específica, pois é gerada por uma de suas faculdades mentais Divinas.

Só para que tenham uma ideia da magnitude desse mistério divino, saibam que o Trono da Fé Planetário gera e irradia 77 tipos diferentes de ondas vibratórias mentais dando origem a outro tanto de telas vibratórias "puras" que abarcam tudo e todos no nosso "complexo planetário natural" (6º Plano da Vida, com suas 77 dimensões naturais da vida). Para outras informações sobre o número de dimensões de cada um dos planos da vida, recomendamos a leitura do nosso livro *A Gênese Divina de Umbanda*.

O fato é que, a partir dessas 77 ondas vibratórias "cristalinas" e de suas correspondentes telas vibratórias puras, começam a surgir as suas ondas mistas, que são as resultantes da fusão delas entre si ou delas com as suas ondas vibratórias "complementares", geradas e irradiadas por outros Tronos, fato este que desencadeia a formação de tantas telas vibratórias, que descrevê-las, assim como aos seus símbolos identificadores e seus "signos" derivados, torna-se quase impossível, pois demandaria muito tempo e formaríamos um livro com milhares de páginas sobre tão fascinante mistério de Deus, só agora aberto ao conhecimento do plano material pelos mestres-magos da luz.

Saibam que, nos Colégios de Magos existentes a partir da 5ª faixa vibratória ascendente, esse mistério é matéria obrigatória aos espíritos que ali ingressam para se "aperfeiçoar" no campo da "Magia Divina". E um espírito só recebe seu grau de "Mestre de Magia" assim que conhecer todas as ondas vivas Divinas, todas as telas vibratórias planetárias multidimensionais, todos os seus regentes divinos e os guardiões de cada uma das telas, que são Tronos Guardiões dos Mistérios de Deus.

Esses Tronos Guardiões formam uma classe de seres divinos, com atribuições específicas de velar e defender os mistérios divinos, impedindo que sejam revelados aos níveis inferiores (menos evoluídos) da criação ou ao plano material sem o consentimento expresso dos Senhores geradores e irradiadores deles.

Esse é o nosso caso, pois revelamos ao plano material o mistério das ondas vibratórias dos sagrados Tronos de Deus (conhecimento este antes inexistente neste plano), mas só revelamos as ondas e as telas liberadas por eles, os Tronos Guardiões dos Mistérios de Deus.

Nós, mesmo com a autorização deles para ensinar algumas das ondas vibratórias positivas e as suas opostas negativas, optamos por só revelar as positivas e que não têm aplicação negativa na vida de ninguém, pois são ondas geradoras e irradiadoras de energias benéficas e formadoras de símbolos e signos positivos, luminosos, irradiadores de energias benéficas e que não se prestam ao uso nas Magias negativas ou "Magia Negra".

Se assim procedemos, limitando-nos aos aspectos positivos da Magia divina, é porque os mestres-magos da luz sabem que no passado já houve uma liberação parcial deste mistério em seus dois aspectos (o positivo e o negativo) e pessoas com desvios conscienciais começaram a usar os símbolos e signos negativos então liberados para prejudicar seus semelhantes por meio de "Magias negras", cujos processos nocivos, após ativados, são difíceis de ser bloqueados, anulados ou desativados pelas vítimas deles ou por pessoas com poucos conhecimentos sobre assunto tão complexo.

Hoje mesmo, observando alguns livros de Magia existentes no plano material, vemos pessoas tidas na conta de mestres de Magia, ou mestres de ocultismo, riscar pontos "cabalísticos" nos quais misturam símbolos e signos positivos e negativos num mesmo espaço mágico ou riscando neles signos e símbolos antagônicos que se autoanulam, criando um caos energético extremamente perigoso para quem ativá-los e para quem desejar ser beneficiado por eles. Tal é a miscelânea criada com a perda dos conhecimentos fundamentais da Magia divina, recolhidos pelos Tronos Guardiões dos Mistérios de Deus.

Muitas pessoas se intitulam mestres de Magia mas, observando-as acuradamente, vemos nelas pessoas movidas pela vontade de atuar com a Magia, mas que são limitadas pela inexistência de conhecimentos fundamentais, originais e corretos sobre os Mistérios de Deus ativados através da Magia Riscada.

Também observamos que algumas das "escritas sagradas mágicas", ensinadas no plano material, são apenas a compilação de símbolos e signos disponíveis há muito tempo nesse plano e que são os restos de verdadeiras escritas sagradas mágicas do passado, usadas pelos mestres e magos de religiões magísticas que já existiram na face da terra em eras pré-diluvianas ou na "Era Cristalina", aludida por nós em nosso livro *Os Templos de Cristais*.

Salvo algumas exceções, muito do que ensinam como Magia são só ritos mágicos-religiosos, pois, se alguns são funcionais, isto se deve ao seu aspecto religioso, e não ao magístico, porque a este falta os seus fundamentos divinos, que não são inscritos (riscados) ou, se forem, nem sempre serão os corretos, porque se referem a divindades não evocadas nestes ritos magísticos-religiosos.

Nós, observando algumas "inscrições" de Magias riscadas de Umbanda que formam os pontos riscados, vimos pessoas ensinando ou interpretando incorretamente os significados dos símbolos e signos ali inscritos.

Não saber os fundamentos dos "restos" das Magias riscadas do passado ainda usados hoje pelos magistas não os diminui ou os desqualifica, pois em muitos casos o que importa é a fé e a determinação de quem os inscreve em seus pontos cabalísticos ou pontos riscados de Umbanda.

Mas, ensiná-los e difundi-los sem o conhecimento fundamental sobre eles, não achamos recomendável, pois, sem saberem o real significado, a quem realmente pertencem os signos e símbolos mágicos e o que de fato realizam após serem ativados no espaço mágico, seu uso se torna ou contraproducente, já que quem os risca e ativa espera um resultado real, não o efeito passageiro do fogo fátuo.

Mas, se isso tem acontecido hoje, já aconteceu no passado e acontecerá sempre, pois é típico da criatividade humana o hábito de pessoas criarem seus "sistemas" de Magia escrita, ainda que fundamentados na compilação de símbolos e signos há muito usados nas Magias religiosas em seus ritos específicos ou extraídos de pontos cabalísticos parciais e com finalidades específicas e limitadas, transmitidos ao plano material por espíritos mensageiros com autorização para tanto, já que tais pontos só se prestam a casos específicos e não a todos os casos com os quais os médiuns-magistas se deparam.

Com isto comentado, a título de advertência para quem deseja "riscar" Magia, vamos então retornar nossa abordagem das telas vibratórias dos Tronos de Deus.

Saibam que o nosso amado Trono Masculino da Fé gera de si e irradia 77 ondas vibratórias puras ou originais e forma outro tanto de telas vibratórias, sendo que destas ondas puras extraímos 77 signos mágicos, que são usados na Magia inscrita ou riscada.

Saibam também que estas telas são formadas com as ondas se irradiando para os oito polos mágicos (N – S – L – O – NE – SE – SO – NO); de cada um para os outros sete polos e para o centro (o retorno ao seu irradiador divino);

e que, neste crescimento e fluir natural destas telas, surgem 77 signos originais, simples e puros; e surgem os sete símbolos sagrados do Trono da Fé, sendo que estes são formados pela fusão de sete grupos de suas ondas puras ou originais.

Já estes sete símbolos sagrados da fé se fundem e formam o símbolo divino do Trono da Fé que, de tão belo, complexo e abrangente, é tido e descrito como "Os Mistérios da Fé de Deus", divinamente realizador, pois abarca toda a sua criação. E seu poder de realização neste sentido da vida dota o seu Trono regente (o seu gerador e irradiador) dos poderes divinos da onipotência, da onisciência, da onipresença e da oniquerência de Deus neste aspecto (o da fé) de Sua Criação.

Agora, quanto às ondas mistas que surgem em função da fusão das ondas puras ou originais do Trono Fé com as ondas dos outros Tronos, saibam que surgem muitas telas, das quais não estamos autorizados a revelar nada além disso:

Destas fusões surgem 77 símbolos sagrados, que são reunidos em grupos de 11, que se fundem e fazem surgir os sete símbolos divinos mistos do Trono da Fé, e que são estes:

– Símbolo Divino da Fé e do Amor.
– Símbolo Divino da Fé e do Conhecimento.
– Símbolo Divino da Fé e da Justiça.
– Símbolo Divino da Fé e da Lei.
– Símbolo Divino da Fé e da Evolução.
– Símbolo Divino da Fé e da Geração.
– Símbolo Divino da Fé e da Religiosidade.

Como o fator congregador do Trono da Fé é formado a partir da fusão dos seus fatores magnetizador e cristalizador, então a sua qualidade congregadora (fraternidade e irmanação através da fé) imanta tanto os seus símbolos originais simples ou compostos como imanta os seus símbolos mistos compartilhados com os outros Tronos, tornando-os congregadores nos outros sentidos da vida.

Com isso, a fé está no amor, no conhecimento, na justiça, na lei, na evolução, na geração e na religiosidade dos seres.

Muito já foi escrito sobre a estrela de cinco pontas ou símbolo de Salomão, dando-lhe tantas interpretações e atribuições que não é possível reuni-las aqui. Apenas escolhemos uma para mostrarmos como um símbolo sagrado é magnífico e abrangente. Vamos a ela:

A estrela de cinco pontas ou o pentagrama é associada a um homem de braços e pernas abertas dentro de um círculo (o todo).

Esta associação (correta) deu origem a várias interpretações (também corretas), mas limitadas pela falta do conhecimento fundamental que possa justificar o seu uso magístico e sua inscrição, isolada ou compartilhada, com outros símbolos e signos em um mesmo espaço mágico (um ponto cabalístico ou riscado).

Como o que nos interessa aqui são os fundamentos da Magia Riscada porque só eles explicam como surgem os símbolos e os signos usados nos pontos riscados, então recomendamos que procurem nos livros de Magia os significados da associação do homem ao pentagrama e passemos à descrição de como surge uma estrela de cinco pontas.

A estrela de cinco pontas é um símbolo que nos remete à luz, à fé e à esperança.

Dependendo da abertura de ângulo do seu vértice norte, muda a associação da estrela.

Exemplos:

– Vértice com abertura angular de 15° (graus): Trono da Fé e Trono do Conhecimento;

– Vértice com abertura angular de 45° (graus): Trono da Fé e Trono da Lei;

– Vértice com abertura angular de 60° (graus): Trono da Fé e Trono da Geração;

– Vértice com abertura angular de 90° (graus): Trono da Fé e Trono da Justiça.

Em Magia, este signo ∠, com maior ou menor abertura, tem sido usado desde tempos imemoriais e, no entanto, não existia um só livro de Magia inscrita na face da terra que o explicasse ou o interpretasse corretamente, fato este que, por si só, já justifica o título de "único até hoje escrito" que demos a este nosso livro de Magia divina inscrita.

O fato é que este símbolo é um "pedaço" de uma onda pura "da fé", que se funde com uma onda pura de outros Tronos e gera estrelas de cinco pontas (o pentagrama), mas cada fusão gera uma nova abertura de ângulo.

Nós só havíamos ensinado até agora em nossos cursos de Magia do Fogo sobre as ondas magnetizadoras (riscada verticalmente) e cristalizadora (riscada horizontalmente), certo?

Pois bem: o Trono da Fé também gera e irradia de si uma onda pura inscrita perpendicularmente e cuja função é imantar com o fervor (de fé) quem absorver sua energia fatoral, denominada por nós de onda "imantadora" da fé".

Já o Trono da Geração gera e irradia de si uma onda vibratória serrilhada, descrita por nós como "criativista" ou "criacionista".

Então, a partir da fusão da onda reta perpendicular com a onda serrilhada surge o pentagrama ou estrela de cinco pontas, com abertura de 60°, que é um símbolo da fé e da vida, símbolo este que desperta o fervor religioso em quem o tem como seu símbolo sagrado ou religioso, tornando-o "criativo" na sua fé ou "fervoroso" na sua criatividade.

A onda perpendicular é inscrita assim:

A onda angular é inscrita assim:

A fusão acontece desta forma:

Esta fusão forma uma onda reta inclinada, que volta num ângulo específico.

Após a fusão das duas, a onda perpendicular torna a crescer no seu sentido original, assim como cresce no ângulo formado pela onda serrilhada. Mas, como as duas se fundiram, sempre que crescerem um pouco, novo ângulo se formará, e uma seguirá em frente e a outra retornará, sempre com a mesma abertura angular.

Então, passo a passo ou traço a traço, vamos descrever como surge o pentagrama e a tela vibratória mista compartilhada por estes dois Tronos:

Aí têm como esta onda mista retrátil, que sempre volta em seu crescimento perpendicular, forma o pentagrama ou estrela de cinco pontas com 60° de abertura angular.

Agora vamos descrever o surgimento de uma tela vibratória compartilhada por estes dois Tronos:

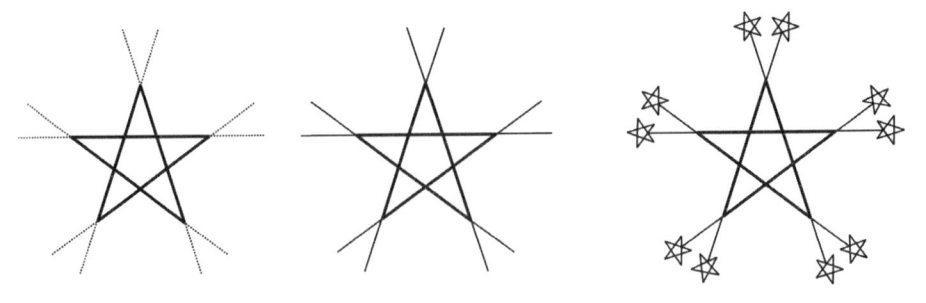

— Como este crescimento é infinito, vai surgindo a tela planetária geradora da fé ou congregadora da criação divina, pois é uma tela mista,

O Surgimento das Telas Vibratórias dos Tronos de Deus 87

formada pela fusão da onda e do fator congregador com a onda e o fator criacionista. Esta tela é denominada por nós de tela da fé e da vida.

Mas essa tela, se nós a classificamos como da fé, é porque nela o fator congregador é predominante e o fator criativo é o fator recessivo. Portanto, é uma tela vibratória da fé, regida em seu polo ativo pelo Trono da Fé, e em seu polo passivo pelo Trono da Geração.

Logo, o pentagrama é um símbolo sagrado de "natureza" predominantemente masculina (o homem de braços abertos citado por nós anteriormente), pois seu regente predominante sempre será o Trono masculino da fé.

Portanto, se há uma estrela masculina de cinco pontas, então tem de haver uma feminina, certo?

E há! – respondemos nós.

Sim, há uma estrela feminina de cinco pontas, só que os retornos são diferentes e aí surge a estrela feminina ou Estrela da Vida e da Fé, na qual o fator criacionista ou criativo é predominante, o Trono da Geração ocupa seu polo ativo e o fator congregador dele é recessivo e ele ocupa seu polo passivo.

Só que nessa estrela acontece um crescimento angular de retorno simultâneo das suas duas pontas, enquanto a onda reta dele segue seu fluir reto perpendicular.

Então, temos isto:

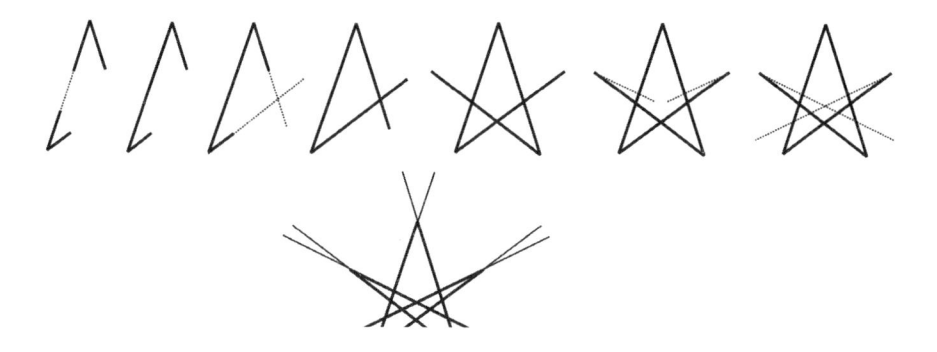

Destacando-a da tela estrelada regida por Iemanjá, esta estrela feminina de cinco pontas ou estrela da vida.

Bem, já mostramos como surgem as estrelas dos Tronos da Fé e da Geração e também como se formam suas telas vibratórias estreladas. Agora, se decompormos essas duas estrelas, teremos os seus signos, que são pedaços dos seus símbolos ou das ondas vibratórias que os formam.

Se decompormos a Estrela da Fé, teremos estes signos cujos ângulos de retornos são mais abertos.

Se decompormos a Estrela da Geração, teremos estes signos cujos ângulos de retorno são mais fechados:

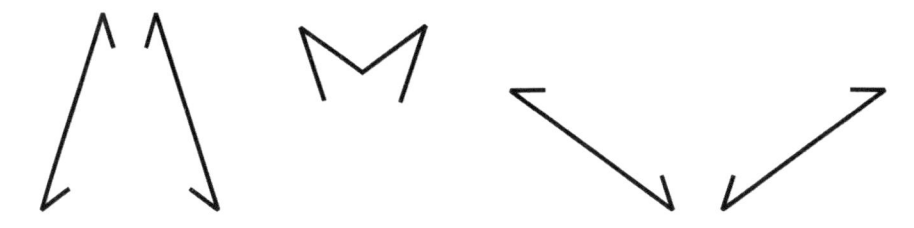

Observem bem estes signos e verão que, se são parecidos, no entanto não são iguais. E suas funções também não são as mesmas porque, dependendo das posições em que forem inscritos, mudam as leituras dos seus significados quando são inscritos dentro de um espaço mágico:

Saibam que um mesmo signo, inscrito em duas posições diferentes, estará realizando duas funções diferentes, porque a mudança de posição altera sua função e o sentido em que irá atuar energeticamente.

Nós sabemos que os símbolos sagrados estão espalhados pela terra e estão distribuídos entre as muitas religiões, entre as Magias puras e as Magias religiosas.

Mas também sabemos que muitos símbolos, cujos fundamentos se perderam, hoje são usados como "logotipos", porque sem seus fundamentos perderam suas funcionalidades. E o mesmo aconteceu com os signos.

Aqui, estamos ensinando os fundamentos deles, e caso queiram ativá-los, basta riscá-los no solo com uma pemba ou giz branco, firmar neles as velas com as cores correspondentes dos seus Regentes Divinos e fazer suas evocações mágicas que os ativarão e eles começarão a realizar uma ação benéfica em suas vidas.

Na Estrela da Fé, devem firmar uma vela branca no centro e outras cinco velas brancas nas suas pontas.

Estrela da Fé

Na Estrela da Vida, devem firmar uma vela azul-clara no centro e outras cinco velas azul-claras nas suas pontas.

Estrela da Vida

Após isto feito, revistam-se de uma aura de fé e façam esta evocação:

Eu evoco Deus, evoco Seus divinos Tronos, evoco Sua Lei Maior e Sua Justiça Divina e o Trono aqui formado e peço que o poder deste símbolo sagrado seja ativado em meu benefício, anulando as energias negativas ou a ação dos espíritos que estão atuando contra mim ou estejam alojados dentro da minha casa. Amém.

Devem repetir por sete dias consecutivos a ativação destas estrelas e a evocação mágica porque, dependendo do que deverá ser anulado, são necessárias sete ativações magísticas seguidas destes símbolos sagrados.

Continuando com nosso comentário, saibam que se essas duas estrelas e os seus signos derivados são parecidos, mas não são iguais nos seus significados, o mesmo acontece com todos os símbolos sagrados, com os signos mágicos e com as ondas vibratórias, pois, por causa do "comprimento das ondas", de um mesmo modo de fluírem surgem signos que, à primeira vista, parecem ser os mesmos. Mas seus significados mudam em função das suas reais aberturas angulares, ou curvaturas ou retornos.

Por causa dessa semelhança, nós recomendamos que, ao riscar um signo dentro de um espaço mágico, diferenciem-no dos outros parecidos com ele, firmando sobre ele a vela com a cor magística identificadora do seu Trono irradiador e seu regente.

Se um signo não está bem riscado (definido), então a vela com a cor do seu irradiador o definirá e o ativará no astral, já com suas funções naturais.

Vejam alguns exemplos do que estamos comentando:

Na Magia Riscada, três "quadrados" inscritos em posições diferentes têm significados e funções diferentes.

Quatro "losangos" com aberturas angulares diferentes têm significados e funções diferentes, pois "pertencem" a diferentes divindades e telas vibratórias, assim como cada um deles surge em função da fusão de ondas vibratórias com funções diferentes e pertencentes a divindades diferentes.

E se forem inscritos verticalmente ou perpendiculares aos eixos N – S – L – O, seus significados mudam mais uma vez e realizam funções mágicas diferentes, dentro dos espaços mágicos.

Vamos a mais exemplos:
Estes signos, aparentemente iguais, têm significados e funções diferentes quando inscritos nos espaços mágicos.

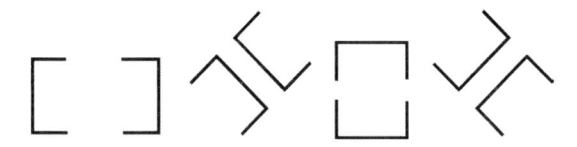

Estes signos têm significados diferentes e funções diferentes quando inscritos nos espaços mágicos.

A seguir, terão partes da Tábua de Signos de Saraceni do alfabeto sagrado cristalino, que é formado por signos puros, mistos e compostos.

Nesse alfabeto, cada signo tem sua função. E a combinação deles vai alterando seus significados e suas funções mágicas quando inscritos, assim como realizam ações específicas. Só não daremos as suas funções porque isso ainda não foi liberado pelo astral superior.

As Telas Vibratórias

Uma tela vibratória é algo tão magnífico que, só de imaginá-la, já nos embevecemos com este mistério de Deus confiado às Suas divindades, sejam elas as maiores, as médias ou as menores.

As divindades maiores são planetárias e multidimensionais, sendo que nada ou ninguém dentro do "todo-planetário" está fora delas (inclusive as divindades médias ou menores).

As divindades médias têm faixas horizontais específicas dentro das quais fluem suas irradiações, e cujos alcances variam de acordo com os seus campos de atuação divina na vida dos seres. Umas alcançam 7 dimensões; outras alcançam 13 dimensões; outras alcançam 21 dimensões; outras alcançam 33 dimensões; outras alcançam 49 dimensões; outras alcançam 63 dimensões; outras alcançam 77 dimensões. Sempre horizontalmente.

As divindades menores têm subfaixas vibratórias, todas localizadas dentro das faixas das divindades médias, e nunca ultrapassam os limites de uma única dimensão. Essas divindades são denominadas de "localizadas", porque estão assentadas em subníveis vibratórios e seus alcances são limitados à dimensão onde estão assentados.

Com isso explicado, então podemos classificar as telas vibratórias em três classes:

- Telas vibratórias planetárias e multidimensionais, geradas, irradiadas e regidas pelos Tronos planetários.

- Telas vibratórias intermediárias ou médias, geradas, irradiadas e regidas pelos Tronos intermediários, que são os regentes dos sete graus magnéticos e vibratórios dos Tronos planetários.

- Telas vibratórias localizadas ou menores, geradas, irradiadas e regidas pelas divindades menores regentes dos sete subgraus magnéticos existentes dentro dos graus regidos pelos Tronos médios ou intermediários.

Isto significa que temos três níveis de acesso a este mistério de Deus e que podemos acessá-lo por meio das divindades menores ou das divindades intermediárias ou médias; ou das divindades maiores ou planetárias.

Com isto explicado, então saibam que: os alfabetos sagrados das divindades planetárias têm uma mesma forma de ondas centralizadoras e só mudam as posições dos seus retornos ou expansões, tal como mostraremos no Alfabeto Sagrado Cristalino Saraceni, no qual todos os signos duplos ou compostos são formados a partir da fusão dos 16 signos simples.

Esse fato dá a ele um poder de realização análogo ao da sua divindade geradora, irradiadora, regente e sustentadora, que neste alfabeto é o divino Trono da Fé.

Nos outros alfabetos sagrados desta mesma magnitude e abrangência, as outras divindades maiores ou planetárias são suas doadoras e suas regentes.

Quanto às divindades médias, seus alfabetos mágicos são formados por signos biformes ou duais, pois se identificam pela tela original do seu regente maior e pela tela do seu Trono "qualificador". Como exemplo do que comentamos, damos este:

- O divino Trono da Fé doa suas formas de se irradiar aos Tronos da Fé intermediários, que atuam sob a irradiação e nos campos dos outros Tronos maiores. Já estes, doam a eles as suas formas de se irradiarem, formas estas que são absorvidas pelos Tronos intermediários da Fé, que passam a irradiá-las já fundidas com as ondas originais do divino Trono da Fé.

Isso torna as telas biformes, os símbolos e os signos dos Tronos médios. Esse fato faz surgir milhares de signos mágicos capazes de formar alfabetos sagrados mistos ou pertencentes a muitas divindades médias, todos com funções e significados limitados aos seus campos de atuações Divinas.

E o mesmo acontece com as telas vibratórias, símbolos e signos das divindades menores ou localizadas. No caso destas, a complexidade é ainda maior, pois algumas geram e irradiam telas cujas ondas formadoras são triformes, tetraformes, pentaformes, hexaformes, septaformes, octaformes. etc.

Com isto explicado, então alertamos para este fato: alguns alfabetos sagrados são puros ou teúrgicos, e outros são mistos ou mágicos:

- Teúrgico é todo alfabeto maior, ou pertencente a uma única divindade.
- Mágico é todo alfabeto, seja ele maior, médio ou menor, formado por várias divindades.
- O termo teurgia só se aplica às Magias puras das divindades planetárias e multidimensionais.
- O termo sagrado se aplica a todos os alfabetos mágicos.

Então, cientes disso, saibam que alguns alfabetos são puros ou teúrgicos, pois são formados pelas ondas vibratórias de uma só divindade, e outros são mágicos ou mistos, pois são formados por telas mistas ou compostas.

Observem os alfabetos que recolhemos de outros livros de Magia e tirem suas conclusões.

ALFABETO ALQUÍMICO

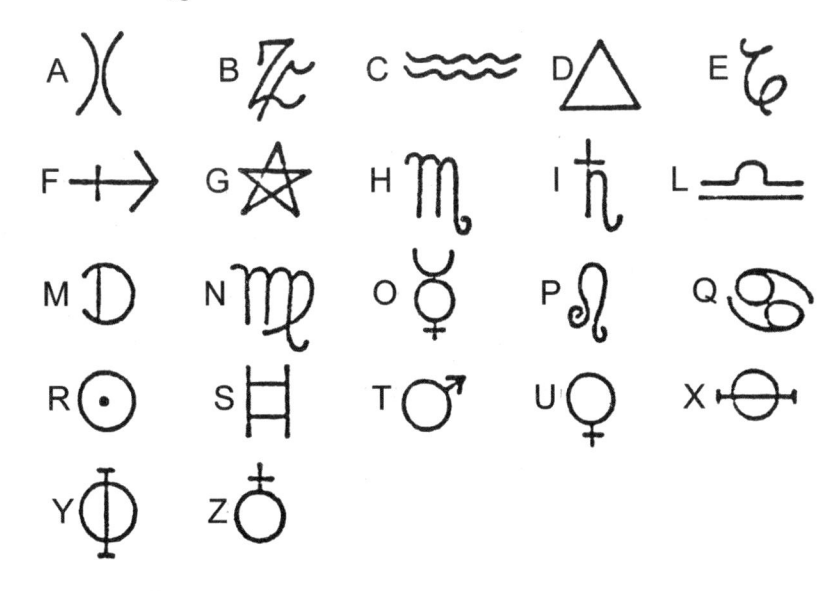

[símbolos alquímicos das letras A a Z]

ALFABETO CAGGLIOSTRO

[símbolos do alfabeto Cagliostro das letras A a Z, incluindo TS e TH]

CARACTERES NUMÉRICOS HEBRAICOS

ALFABETO ISAICUM

ALFABETO MASSAGETICUM

Alfabeto dos Magos

U,V	E	D	G	B	A
L	C	I,J,Y	TH	H	Z
F,P,PH	O	X	N	M	
T	S	R	K,Q	TS	

Caracteres de Paracelso

A B C CH D E F G
H I J K L LL M N
Ñ O P Q R RR S T
U V W X Y Z Ç

PRINCÍPIO　　CENTRO　　FINAL

Alfabeto dos Rosacruses

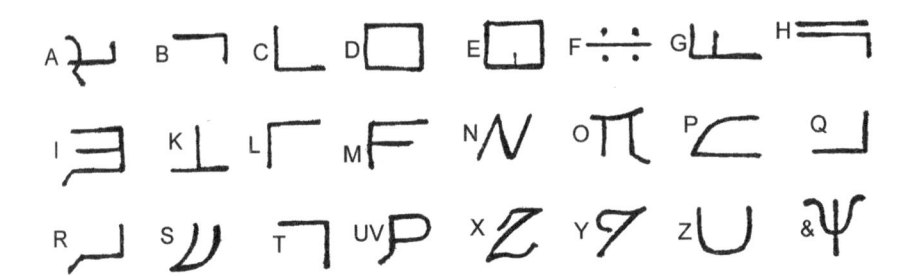

Alfabeto Scithicum

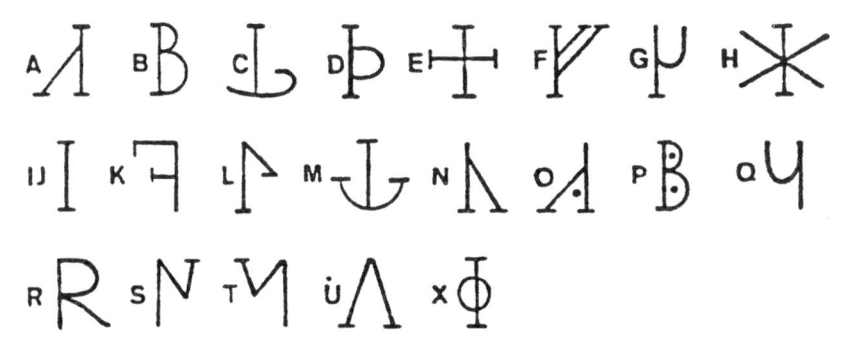

Ondas Vibratórias – Símbolos – Signos – Telas

Ondas Vibratórias

Ondas vibratórias, para nós, são as irradiações vivas das divindades, sendo que cada uma se irradia em vários comprimentos de ondas com vários modelos.

Esta variedade de comprimentos faz com que possamos identificá-las e distinguir umas das outras.

Temos ondas puras, ondas duplas, ondas mistas e ondas compostas.

– Ondas vibratórias puras: são aquelas que transportam um único tipo de fator ou energia e sua função e significado são sempre os mesmos, independendo da posição em que são inscritas no espaço mágico.

- Ondas duplas: são aquelas que são inscritas aos pares, sendo que cada uma tem um significado e uma função só sua e complementar à que flui junto com ela.
- Ondas mistas: são aquelas que têm vários significados e funções e realizam ações diferentes porque, dependendo da posição em que forem riscadas ou inscritas, mudam o tipo de energia que geram e irradiam.
- Ondas compostas: são aquelas que são resultantes da fusão de várias ondas puras ou mistas, e tanto seus significados quanto suas funções variam porque, dependendo da posição em que forem riscadas ou inscritas, mudam as energias que geram e irradiam e seus efeitos alteram suas leituras e suas ações mágicas.

Símbolos

Os símbolos podem ser puros, mistos, duplos ou compostos, e nós os definimos assim:

- Símbolos puros: são os formados pela onda de uma só divindade.
- Símbolos mistos: são os formados por ondas vibratórias de várias divindades.
- Símbolos duplos: são os formados por duas ondas vibratórias de uma só divindade.
- Símbolos compostos: são os formados pelas ondas vibratórias de várias divindades.

Signos

Os signos mágicos, nós os definimos assim:
- Signos simples; signos duplos; signos mistos e signos compostos.
- Signos simples: são "pedaços" das ondas vibratórias puras das divindades.
- Signos duplos: são "pedaços" das ondas vibratórias duplas de uma mesma divindade.
- Signos mistos: são "pedaços" das ondas vibratórias resultantes da "fusão" de ondas de duas ou mais divindades.
- Signos compostos: são "pedaços" das ondas compostas das divindades.
- Os signos puros ou simples realizam funções únicas.
- Os signos duplos realizam funções duplas.
- Os signos mistos realizam funções variadas.
- Os signos compostos realizam muitas funções.

Telas

As telas vibratórias são classificadas por nós desta forma:

- Telas puras ou originais; telas duplas; telas triplas; quádruplas, etc.
- Telas puras ou originais: são as formadas pelas ondas puras de uma só divindade.
- Telas duplas: são as formadas pelas ondas vibratórias duplas (entrecruzadas ou entrelaçadas) de uma só divindade.
- Telas triplas: são as formadas pelas ondas vibratórias de três divindades.
- Telas quádruplas: são aquelas que são formadas pelas ondas vibratórias de quatro divindades.

E assim sucessivamente com as telas vibratórias formadas pelas ondas de cinco, seis, sete, etc., divindades.

Também temos outra classificação para as telas vibratórias, que é esta:

- Tela pura da fé.
- Tela pura do amor.
- Tela pura do conhecimento.
- Tela pura da justiça.
- Tela pura da lei.
- Tela pura da evolução.
- Tela pura da geração.
- Tela pura do tempo.

- Tela composta da fé e da religiosidade.
- Tela composta do amor e da renovação.
- Tela composta do conhecimento e do raciocínio.
- Tela composta da justiça e da razão.
- Tela composta da lei e da ordem.
- Tela composta da evolução e do saber.
- Tela composta da geração e da criatividade.

- Tela mista da fé e do amor.
- Tela mista da fé e do conhecimento.
- Tela mista da fé e da justiça.
- Tela mista da fé e da lei.
- Tela mista da fé e da evolução.
- Tela mista da fé e da geração.

- Tela mista do amor e da fé.
- Tela mista do amor e do conhecimento.
- Tela mista do amor e da justiça.

- Tela mista do amor e da lei.
- Tela mista do amor e da evolução.
- Tela mista do amor e da geração.
- Tela mista do conhecimento e da fé.
- Tela mista do conhecimento e do amor.
- Tela mista do conhecimento e da justiça.
- Tela mista do conhecimento e da lei.
- Tela mista do conhecimento e da evolução.
- Tela mista do conhecimento e da geração.
- Tela mista da justiça e da fé.
- Tela mista da justiça e do amor.
- Tela mista da justiça e do conhecimento.
- Tela mista da justiça e da lei.
- Tela mista da justiça e da evolução.
- Tela mista da justiça e da geração.
- Tela mista da lei e da fé.
- Tela mista da lei e do amor.
- Tela mista da lei e do conhecimento.
- Tela mista da lei e da justiça.
- Tela mista da lei e da evolução.
- Tela mista da lei e da geração.
- Tela mista da evolução e da fé.
- Tela mista da evolução e do amor.
- Tela mista da evolução e do conhecimento.
- Tela mista da evolução e da justiça.
- Tela mista da evolução e da lei.
- Tela mista da evolução e da geração.
- Tela mista da geração e da fé.
- Tela mista da geração e do amor.
- Tela mista da geração e do conhecimento.
- Tela mista da geração e da justiça.
- Tela mista da geração e da lei.
- Tela mista da geração e da evolução.

As telas compostas são resultantes da fusão das ondas vibratórias de três, quatro, cinco, etc. divindades e trazem na sua identificação os nomes dos Tronos que as formam, tais como:

- Tela vibratória composta dos Tronos da fé, do amor, da lei e da geração.
- Tela vibratória composta dos Tronos do amor, da justiça, da evolução e da fé.

E assim sucessivamente com todas as telas vibratórias compostas.

Para as ondas vibratórias, temos uma classificação que as diferencia quando são riscadas nos espaços mágicos.

Temos estas classificações:

- Ondas teúrgicas.
- Ondas mágicas.
- As ondas teúrgicas podem ser simples, duplas, ou compostas.
- As ondas mágicas podem ser simples, mistas ou compostas.
- Ondas teúrgicas são aquelas que cruzam todo o espaço mágico e formam nele uma tela vibratória cujo crescimento e direção seguem a do polo magnético onde foi riscada.
- Ondas mágicas são aquelas que partem do centro para os polos magnéticos dos espaços mágicos ou vice-versa, e criam uma tela vibratória limitada ao quadrante em que foi riscada ou inscrita.

Quanto aos símbolos e signos mágicos, temos mais esta leitura ou classificação:

- Símbolo ou signo abrangente: são aqueles riscados ou inscritos sobre o ponto central ou de entrecruzamento dos espaços mágicos.
- Símbolo ou signo limitado: são aqueles riscados ou inscritos em um dos quadrantes dos espaços mágicos.

A Construção dos Espaços Mágicos

Construir um espaço mágico é um ato de "Alta Magia" e só deve fazê-lo quem foi iniciado nos mistérios da escrita mágica.

Ser iniciado nos seus mistérios significa integrar-se, ainda no plano material, às hierarquias espirituais regidas pelos Senhores Tronos Guardiões dos Mistérios e ser consagrado por eles como seu servo "Mago de Lei".

Aprender fórmulas mágicas e recorrer a elas quando precisar não dá a ninguém o grau de iniciado nem dá o direito de recorrer à Magia como se a dominasse de fato e de direito.

Saibam que as iniciações são momentos únicos na vida do iniciado e é quando eles, os senhores dos mistérios, irradiam seu espírito e seu mental, imantam seu ser imortal e o dotam com o poder de ativar os mistérios por meio da Magia escrita sagrada.

Conhecer, apenas, o simbolismo ou suas chaves interpretativas não torna ninguém um iniciado nos seus mistérios porque os mistérios, na verdade, são as próprias divindades de Deus, que são manifestações w, o nosso Divino Criador e Senhor nosso Deus e Pai eterno.

Aprender é dever de todos! E esperamos que este nosso livro contribua para o aperfeiçoamento das leituras dos símbolos sagrados e para a expansão luminosa da Magia escrita simbólica.

Agora, aperfeicoar seus conhecimentos e torná-los úteis à humanidade é dever de todas as pessoas que já se achem maduras o suficiente para, conscientemente, iniciarem-se perante os Senhores dos Mistérios, consagrarem-se a Deus e tornarem-se Seus servos magos e servos da Sua Lei Maior e da Justiça Divina.

Só iniciando-se e consagrando-se uma pessoa torna-se conscientemente um mago reconhecido pelos Senhores dos Mistérios e recebe deles a outorga Divina para recorrer à escrita mágica divina e usá-la sempre que precisar do auxílio dela.

Aprendi com outras pessoas muitas fórmulas mágicas com poder de realização, as quais já vinham passando de geração para geração desde tempos imemoriais, ainda que seus criadores originais hoje nos sejam desconhecidos.

Sabemos que o pentagrama foi criado por Salomão e o hexagrama por David, ambos tidos como grandes iniciados e grandes luminares do judaismo e da humanidade, a quem muito ajudaram com a criação destes dois poderosos símbolos sagrados, hoje usados em quase todo o mundo como símbolos sagrados.

Se eles transpuseram esses símbolos sagrados das esferas Divinas para as esferas espirituais e para o plano material, só o fizeram com autorização dos mensageiros divinos que os assistiam e tinham neles os servos magos dedicados às coisas de Deus.

Não desejando comparar-me a eles porque são incomparáveis, mas colocando-me humildemente como mais um servo-mago de Deus que se iniciou na Magia divina pelas "mãos" dos mestres-magos espirituais que me acompanham desde meu nascimento e que me têm conduzido nesse campo, eu digo a você, amigo leitor, que os símbolos que aqui mostrarei tem um real poder de realização e que você poderá utilizá-los em seu benefício sempre que achar necessário.

Ainda que tenha relutado em aceitar esta condição, também sou um mensageiro divino e tenho trazido "boas-novas" à humanidade por meio da Magia divina.

Para mim, a Magia divina é indissociável de tudo o que pratico e de tudo o que cultuo por intermédio da minha religiosidade.

Alguém até poderá contestar-me indagando sobre quem me iniciou. E eu só tenho uma resposta: Deus me iniciou e tornou-me um "iniciador natural" de Magias.

Meus alunos de Magia às vezes são surpreendidos com as Magias que ensino durante as aulas e digo: "Usem-nas e comprovem o seu poder realizador e sua eficiência... e depois me relatem como foi a reação das pessoas beneficiadas por elas".

E todos os relatos comprovam o poder e a eficiência das Magias que "crio" e ensino, e dou autorização para que eles as usem em seus trabalhos de Magia.

Já "criei" centenas de Magias e só elas já dariam um poderoso "formulário de alta Magia" porque não comportam uma inversão de suas funções; todas são voltadas para o benefício das pessoas.

Todos os símbolos que verão agora, se os riscarem no solo com giz ou pemba branca e firmarem nos pontos indicados as velas nas cores correspondentes, se autoativarão naturalmente, bastando a vocês evocarem a Deus, sua Lei Maior e sua Justiça Divina, os Tronos Senhores dos Símbolos e determinarem a ação mágica que desejam realizar.

Os Alfabetos Sagrados Saraceni

Nós temos à nossa disposição vários alfabetos mágicos, uns identificados pelos seus criadores ou canalizadores e outros identificados com algum povo, ordem ocultista ou com um elemento.

Alguns são formados por letras cujos valores divinos e poder de realização são conhecimentos ocultos e só são conhecidos por quem foi iniciado nos seus mistérios.

Outros são formados por signos de cujos valores divinos e poder de realização só seus canalizadores tinham conhecimento, e parece-nos que eles se perderam no tempo, porque não encontramos explicação para um só dos seus signos mágicos. Mas eles podem ter sido preservados por antiquíssimas ordens iniciáticas fechadas. Mas não é o que nos parece, pois têm sido mostrados há séculos e sempre sem suas funções e seus significados.

Se bem que qualquer pessoa medianamente inteligente pode, com a "chave" aqui mostrada, criar todo um sistema de funções e significados para eles e, a partir disso, começar a ensiná-los como se suas funções e significados criados aleatoriamente fossem verdadeiros.

Mas, como até agora não encontramos nenhuma explicação das chaves dos Alfabetos Sagrados disponíveis, então talvez elas nunca mais sejam recuperadas.

Portanto, fica aqui a nossa advertência: cuidado caso alguém comece a disseminar "seu" alfabeto sagrado, pois não temos conhecimento da existência no plano material (ainda) de outro Mestre Mago iniciador do arco-íris divino, os únicos com outorga para abrir todo um novo conhecimento e novos alfabetos sagrados mágicos ou religiosos ao plano material.

Tomem cuidado com o charlatanismo, pois de mercadores mágicos ou religiosos o inferno está cheio.

Saibam que só quem criou os alfabetos sagrados mágicos ou religiosos do passado sabiam seus reais significados, chaves e funções e a qual ou quais divindades eles pertenciam. E, até onde sabemos, um Mestre Mago iniciador do arco-íris divino só revela seus conhecimentos mais ocultos a alguém com o mesmo grau excelso, pois é proibido pela "Lei dos Magos" de revelá-los a alguém que ainda não alcançou este grau.

O máximo que podemos revelar é como usar seus signos e algumas de suas funções mágicas, e nada mais. E talvez isto seja a razão de não encontrarmos explicações para um só signo mágico destes alfabetos do passado, já recolhidos pela Lei Maior.

Alfabeto Sagrado Cristalino de Rubens Saraceni, mestre mago iniciador do Arco-Íris Divino

SIGNOS SIMPLES

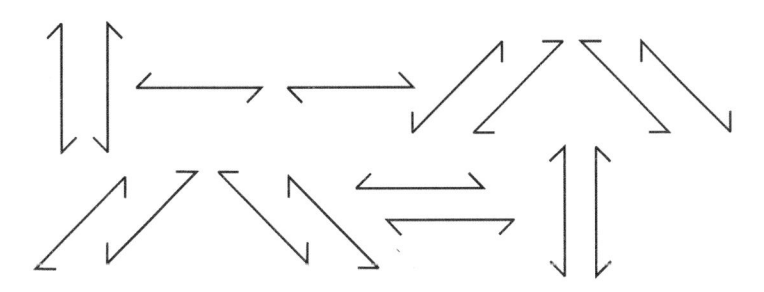

SIGNOS CRUZADOS OU COMPOSTOS

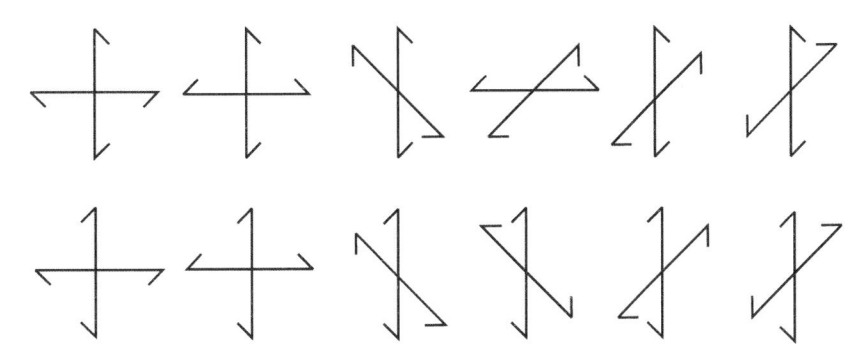

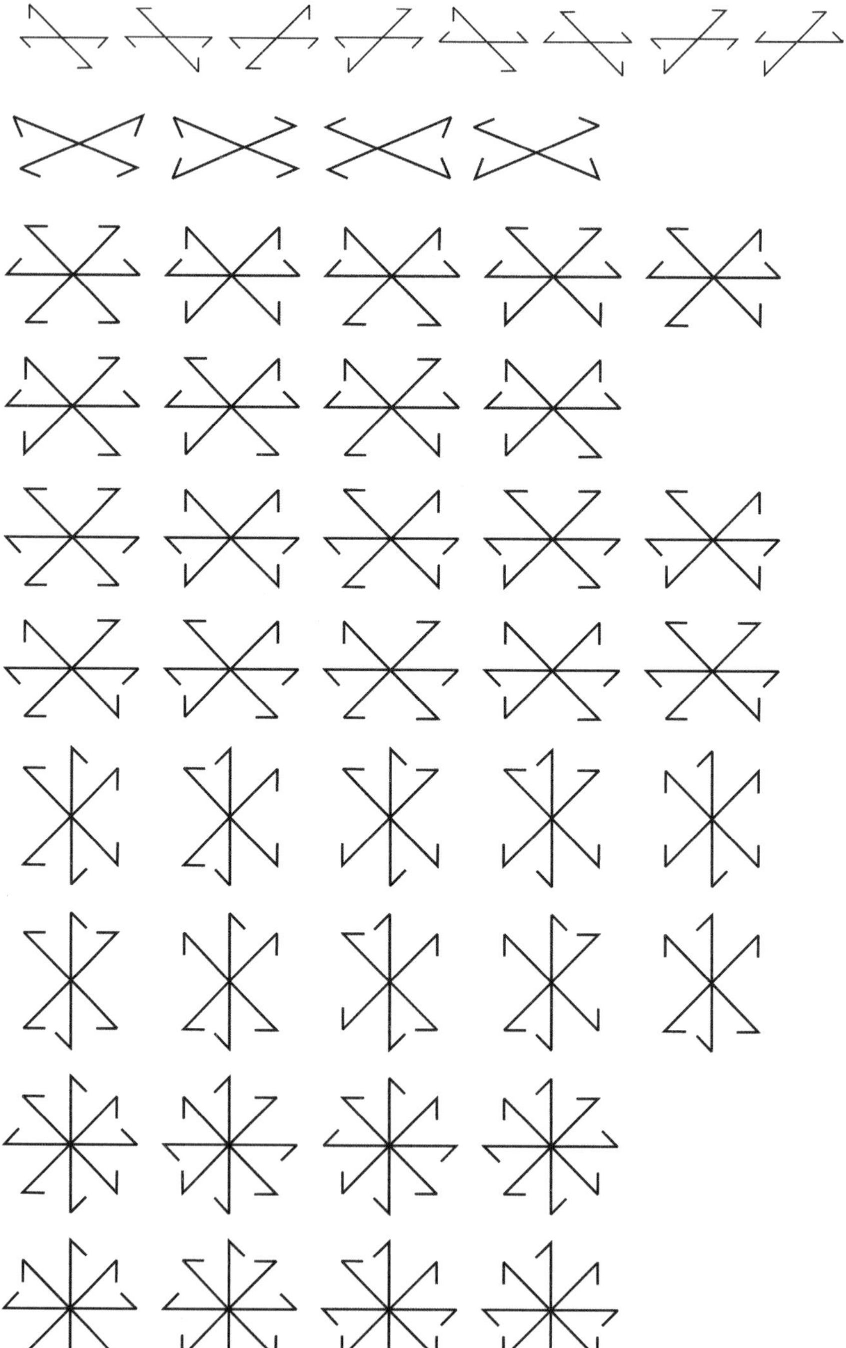

Eis aí um alfabeto sagrado e mágico que, se é chamado de alfabeto é porque ele tanto pode ser usado através da Magia Riscada ou inscrita, como pode ser ativado verbalmente já que cada signo simples é uma "letra" e a união delas formam mantras ativadores de poderes divinos do Trono da Fé.

Se não revelamos nada sobre as sílabas e os mantras, é porque este é um conhecimento oculto só acessível aos mestres-magos iniciadores de magias.

Quanto ao significado de cada inscrição dele, este conhecimento deve ser guardado porque pertence à parte interna ou velada da magia divina ensinada por nós.

Quanto às suas funções, só um mestre iniciador de magia pode saber. Mas destacamos dois signos compostos e revelaremos algumas de suas aplicações, e que poderão ser usadas por quem desejar o auxílio divino através das suas inscrições e ativações corretas.

1º Signo

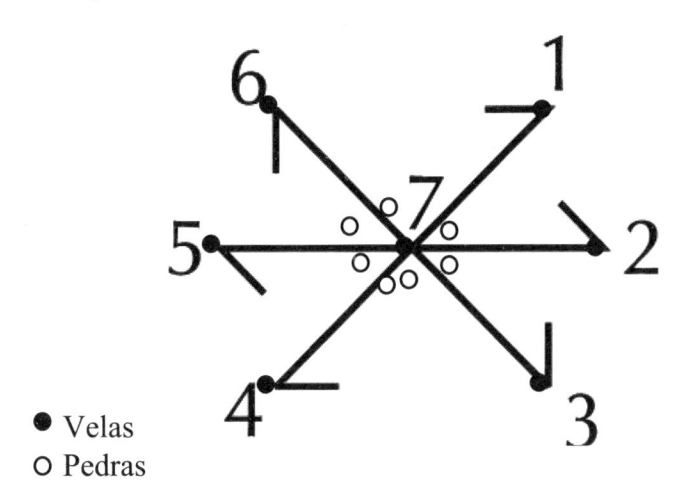

- Velas
○ Pedras

Este signo com as hastes ou retornos inscritos em sentido anti-horário deve ser riscado para cortar uma Magia Negra ou uma atuação espiritual e o comprimento dos três riscos deve ser de 77 centímetros. Já as hastes ou os "retornos", estas devem ter sete centímetros e seu ângulo de abertura é de quarenta e cinco graus.

Após riscá-lo corretamente com um giz ou uma pemba branca, então devem firmar nos números as velas com as cores indicadas aqui:

1- Vela verde
2- Vela vermelha
3- Vela rosa

4- Vela roxa
5- Vela laranja
6- Vela azul
7- Vela branca

Após isto, devem colocar 7 pequenos quartzos transparentes ao redor da vela branca e fazer esta evocação mágica:

Deus pai todo-poderoso, peço sua licença para evocar seu Trono da Fé e ativar magisticamente o seu mistério desmagnetizador de projeções mentais negativas, de atuações espirituais negativas, de Magias negativas e de bloqueios energéticos negativos.

Com a licença de Deus, sob a guarda da Sua Lei Maior e da Sua Justiça Divina, eu evoco o divino Trono da Fé e seu Trono Guardião IÁ-FÉR-AG-HI-IIM-YÊ, assim como evoco o divino Trono Regente dos Mistérios Cristalinos IÁ-HÓR-ME-HÁ-NE-A-IIM-YÊ e seu Mistério descristalizador de todas as atuações espirituais, energéticas, mentais e magísticas negativas e peço que, no poder divino deste símbolo sagrado cristalino, as atuações negativas contra mim sejam anuladas, deixando-me livre para viver minha vida em paz e seguir meu caminho sem estes obstáculos que estão me paralisando. Amém.

Observem bem a postura diante de Deus e dos Seus mistérios porque ela deve ser de respeito, de reverência e de fé.

Portanto, devem fazer esta evocação ajoelhados e muito concentrados. Também devem permanecer assim e diante deste símbolo mágico por pelo menos dez minutos antes de se afastarem e irem cuidar dos seus outros afazeres.

Com isto explicado, vamos dar um outro signo composto (símbolo) do Alfabeto Cristalino Saraceni e algumas de suas funções mágicas, que são: para saúde; para a prosperidade; para combater injustiças; e para abrir caminhos e oportunidades.

2º Signo:

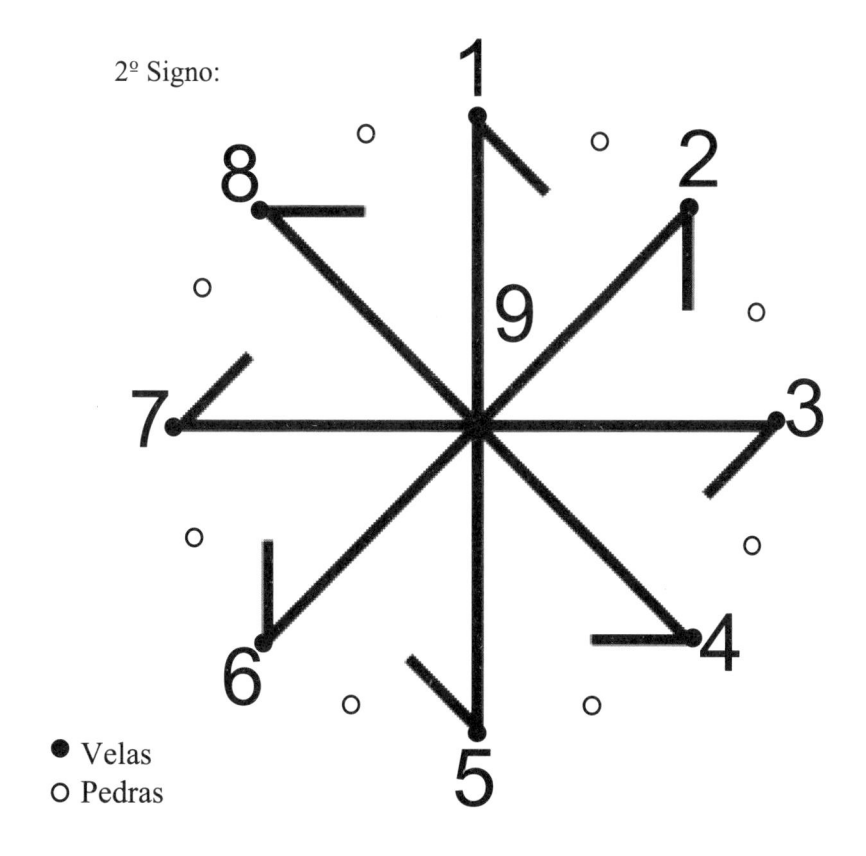

● Velas
○ Pedras

Após riscá-lo com as mesmas medidas e mesmo ângulo de abertura, tanto para os riscos maiores quanto para as hastes de retorno, devem firmar velas nos números abaixo indicados:

Nº1 – Vela branca
Nº2 – Vela vermelha
Nº3 – Vela azul-escura
Nº4 – Vela roxa
Nº5 – Vela rosa
Nº6 – Vela laranja
Nº7 – Vela amarela
Nº8 – Vela azul-clara
Nº9 – Vela violeta

Após firmarem as velas, devem colocar nos pontos entre os riscos estas pedras:

Entre o nº 1 e 2, coloquem um citrino.
Entre o nº 2 e 3, coloquem um jaspe vermelho.
Entre o nº 3 e 4, coloquem um ônix preto.

Entre o nº 4 e 5, coloquem uma hematita.
Entre o nº 5 e 6, coloquem uma ametista.
Entre o nº 6 e 7, coloquem uma ágata.
Entre o nº 7 e 8, coloquem uma pirita.
E no nº 9, coloquem uma água-marinha.
Após isto feito, devem-se ajoelhar e fazer esta evocação mágica:

> *Senhor meu Deus, meu pai e meu Divino Criador, neste momento eu O evoco e peço Sua licença para evocar Seus Tronos Divinos, Sua Lei Maior e Sua Justiça Divina para que ativem este signo mágico sagrado em meu auxílio.*
>
> *Com a Sua licença divina, evoco o divino Trono da Fé e seu Trono Guardião IÁ-FER-SI-DE-LAH-A-IIM-YÊ, assim como evoco o divino Trono Regente das Sete Pedras Sagradas e Seu Trono Guardião IÁ-FÉR-KA-MI-NE-A-IIM-YÊ, e peço neste momento que, pelos poderes divinos aqui firmados, que minha saúde seja devolvida; que meus caminhos sejam abertos e desbloqueados; que a prosperidade seja uma constante em minha vida; que eu tenha paz no meu espírito e harmonia em minha vida; que as boas oportunidades de trabalho surjam e me proporcionem a mesa farta e a generosidade em meu íntimo. Amém.*

Esta poderosa evocação mágica ativa uma aura benéfica ao redor de quem a fizer e, para mantê-la, devem recolher as pedras assim que as velas terminarem de queimar e envolvê-las num pano branco virgem, costurá-lo e colocar debaixo do colchão onde dorme, bem na altura da cabeça. Daí em diante, perseverem que as coisas boas começarão a acontecer.

Bem, aqui só mostramos dois signos mágicos do Alfabeto Sagrado Cristalino Saraceni e algumas de suas funções. E, quem crer e fizer como indicamos, com certeza será beneficiado, pois estes signos, ao serem abertos ao conhecimento público, foram imantados por Deus, pelos Seus divinos Tronos, pela Sua Lei Maior e pela Sua Justiça Divina, com o poder de realização na vida de todos os que recorrerem a eles com fé, respeito e reverência.

Mas também é preciso que quem recorrer a eles seja merecedor dos benefícios que pedir ou que se esforce e faça por merecer, pelo menos!

Saibam que este Alfabeto Sagrado Mágico Cristalino Saraceni é regido pelo divino Trono da Fé, e foi todo retirado de suas telas vibratórias planetárias e multidimensionais.

Cada signo simples é um pedaço de uma onda vibratória. Já os signos duplos, triplos e compostos são cruzamentos ou polos magnéticos das telas mistas ou compostas do nosso amado Trono da Fé.

Se abrimos só alguns símbolos para que usem quando quiserem, no entanto todos os outros são tão poderosos quanto estes. E, se não revelamos suas funções, é porque não é permitido, pois só um Mestre Mago iniciador pode ter acesso a ele em sua totalidade e ativar todos os seus signos quando achar necessário.

Saibam que muitos símbolos religiosos são partes de outros maiores e só os conhecedores dos mistérios que fluem através deles os ativarão com seus reais poderes de realização.

Muitos dos ritos mágicos-religiosos são aberturas como estas aqui, e que se perpetuaram no tempo, sendo que atualmente só uns poucos iniciados conhecem seus significados, ainda que eles continuem a realizar algumas funções, já que foram abertos pelos seus transmissores divinos por meio dos seus canalizadores encarnados.

Só o conhecimento oculto deste Alfabeto Sagrado Mágico Cristalino Saraceni já tornaria seu possuidor um mago muito poderoso. Mas ainda existem outros alfabetos, tais como:

– Alfabeto Mineral Saraceni.
– Alfabeto Ígneo Saraceni.
– Alfabeto Aquático Saraceni.
– Alfabeto Eólico Saraceni.
– Alfabeto Vegetal Saraceni.
– Alfabeto Telúrico Saraceni.
– Alfabeto Temporal Saraceni.
– Alfabetos Mistos Saraceni.

Além do Alfabeto Divino ou Teúrgico Saraceni, que é irrevelável senão a um verdadeiro Mestre Mago Iniciador do Arco-íris Divino, grau este que só é conquistado quando alguém é distinguido pelo seu regente divino com o grau excelso de grande Mago da Luz Cristalino, a Luz que traz em si todas as outras e forma o Arco-íris Divino, composto de 77 tonalidades, sendo que umas são cores puras e outras são resultantes da mistura delas. Fato este que torna único o Arco-íris Divino na escala cromática dos mestres-magos e dos grandes magos.

As ondas vibratórias assumem tonalidades afins com a energia ou fator que transportam e têm funções muito bem definidas, pois o tom verde-claro difere em funções e significados do tom verde-escuro.

Com isto entendido, reflitam sobre tudo o que leram neste capítulo e apurem seus conhecimentos sobre a Magia divina.

ALFABETO MÁGICO DO TEMPO, DO MESTRE MAGO DO ARCO-ÍRIS DIVINO, RUBENS SARACENI

Este alfabeto, em seu todo, é formado por 332 combinações de caracteres que formam toda uma simbologia "temporal" ou "escrita mágica do tempo", regida pelo Senhor Trono do Tempo.

Aqui, só mostraremos uma pequena parte dele, já que somos proibidos pela lei dos mistérios de revelá-lo em seu todo.

As ondas "atemporais" dos Tronos de Deus são muitas e algumas delas, seus signos e símbolos são tão poderosos se ativados magisticamente que é proibido comentá-los.

O alfabeto mágico do Tempo completo é de uso exclusivo dos "Grandes Magos da Luz Cristalina", os únicos que o conhecem em seu todo, assim como sabem como usá-lo sem afrontar as interdições da "Lei dos Mistérios Sagrados" ou os princípios das "escritas divinas".

É importante que saibam disso, pois, foi por desrespeitar essas interdições e esses princípios que muitos magos do passado obrigaram os Tronos Guardiões dos Mistérios a recolherem e ocultarem muitas divindades do Tempo, que "respondem" através da Magia Riscada ou inscrita.

Os caracteres desse alfabeto são encontrados em várias partes da terra nos "restos" das antigas religiões, todas já recolhidas ao plano espiritual.

Nós os identificamos observando caracteres ou alfabetos antigos e certos símbolos e signos que "adornam" algumas divindades que o panteão religioso hindu ostenta em suas gravuras.

Bem, vamos ao Alfabeto Mágico do Tempo do Mestre Mago Iniciador do Arco-íris Divino, Rubens Saraceni, Mago da Luz Cristalina. Veremos a seguir 86 caracteres do tempo, sendo que cada um, quando inscrito magisticamente, tem o poder de realizar uma ação mágica.

Saibam que a simples alteração da curvatura dos "arcos" do Tempo, tornando-os mais abertos ou mais fechados, altera o significado do que está inscrito, assim como sua regência, pois pertencem a divindades diferentes.

Deste alfabeto temporal estão liberados para utilização alguns símbolos sagrados do tempo.

Alfabeto Mágico Sagrado do Tempo
de Rubens Saraceni

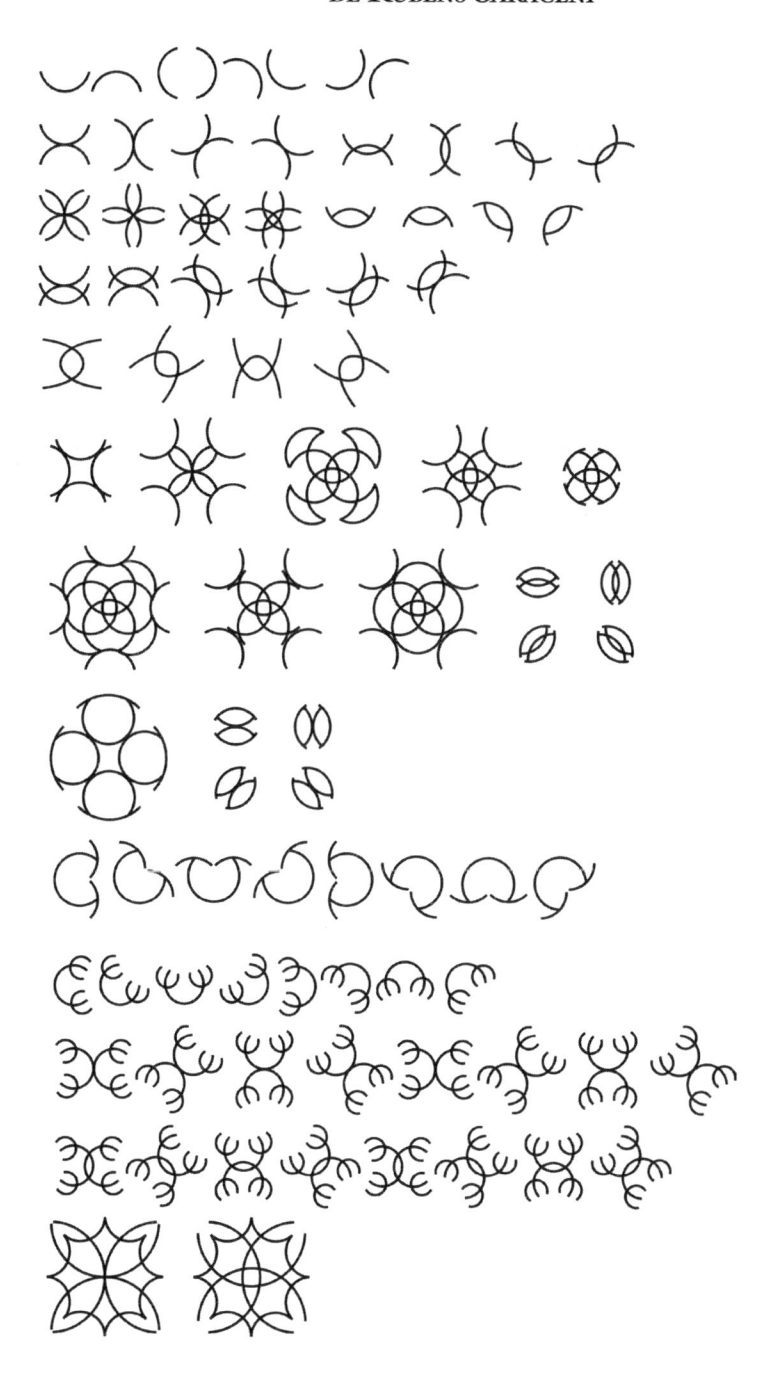

Magia Divina com 1 Símbolo Sagrado do Tempo
Do Alfabeto Mágico do Tempo de
Rubens Saraceni M.M.I.A.I.D

Sua função é de desagregar Magias Negativas, destruir Polos Mágicos Inscritos Negativos, etc

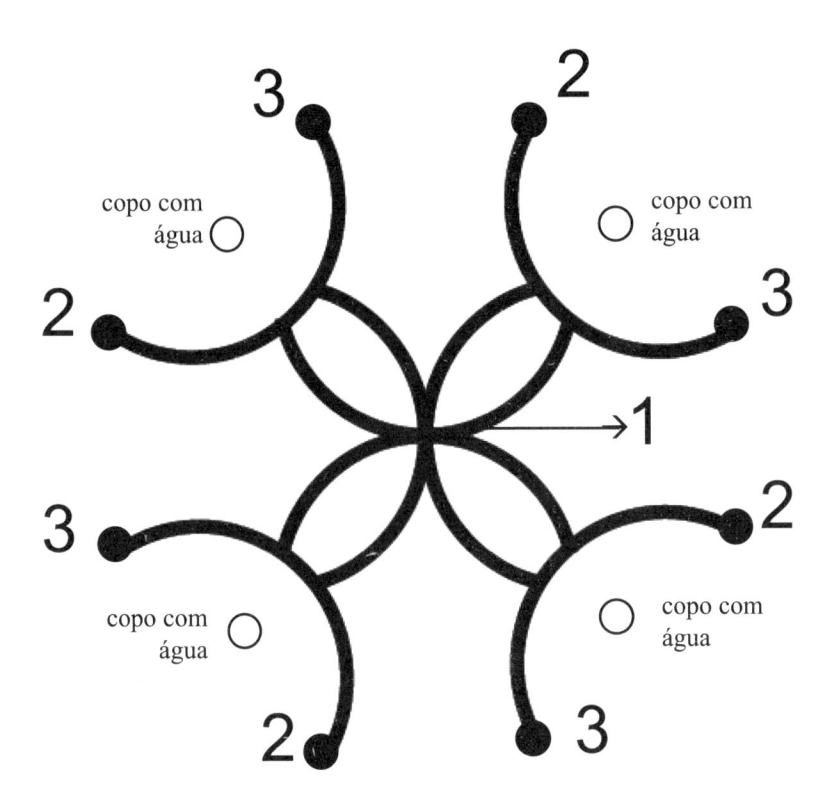

1- Vela azul-escura
2- Vela branca
3- Vela preta

Para anular
discordia, inimizade e demanda

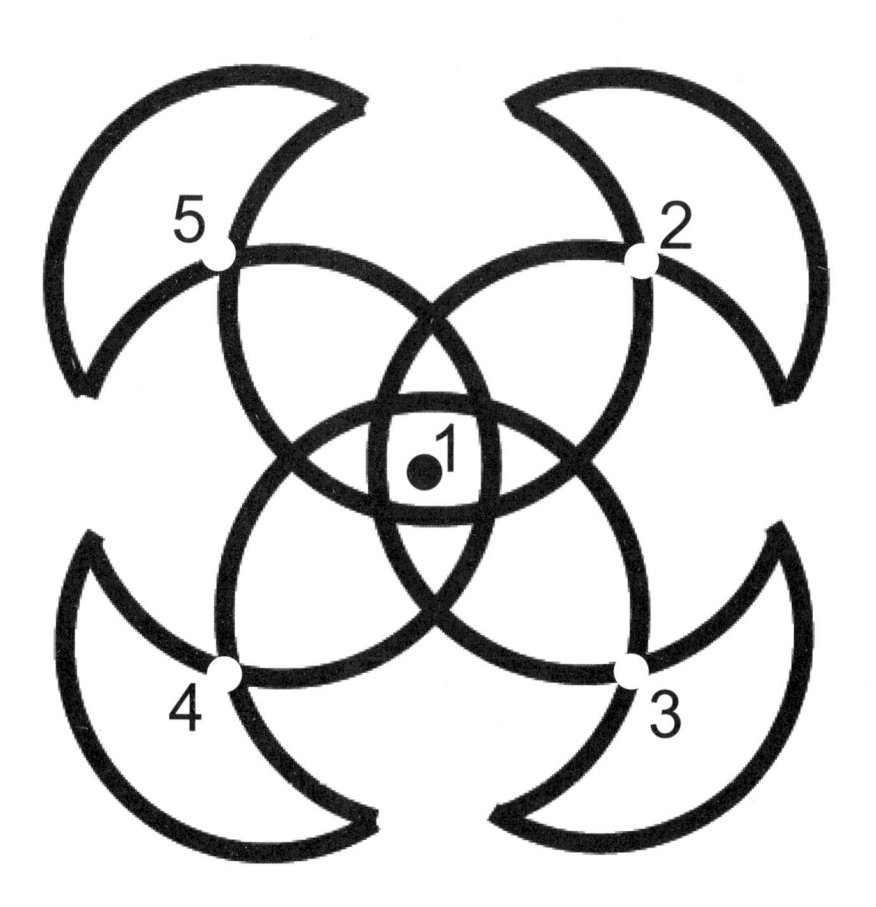

1- Vela rosa
2- Vela branca
3- Vela amarela
4- Vela laranja
5- Vela vermelha

Para abrir os caminhos, trazer prosperidade e saúde

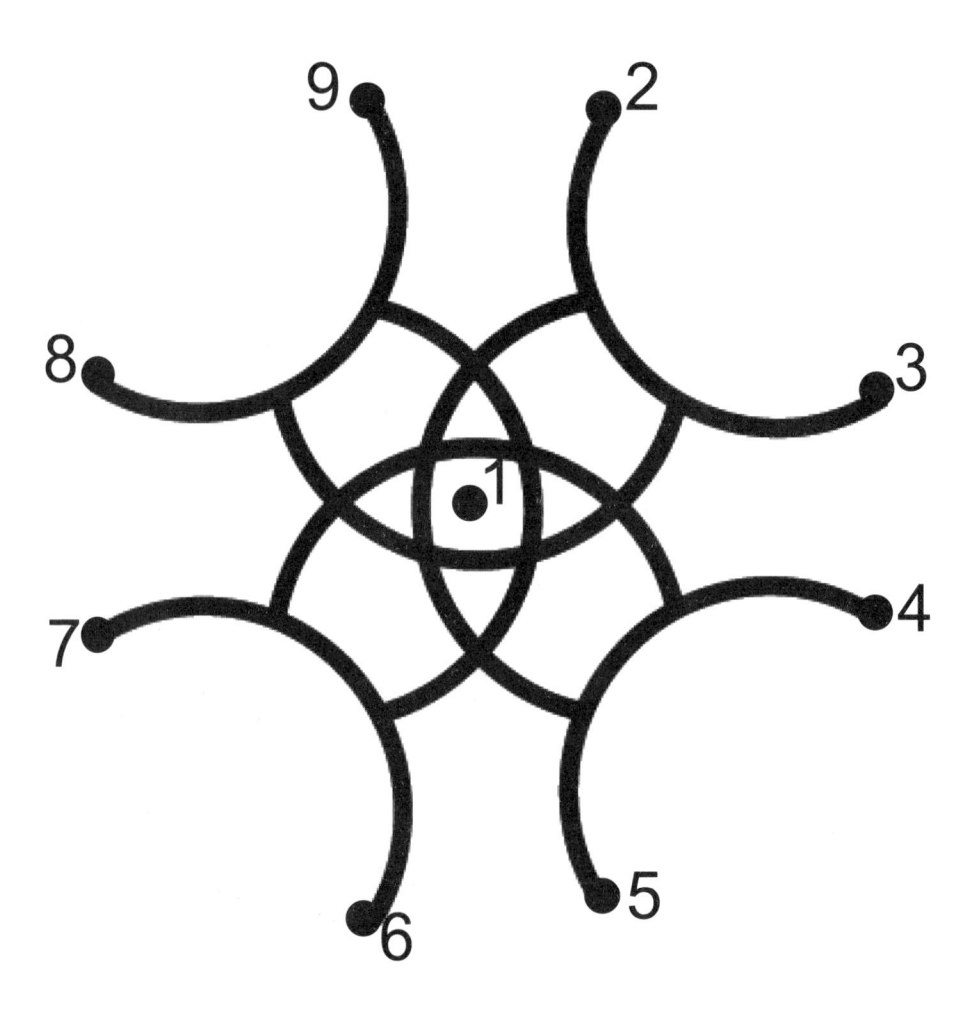

1- Vela branca
2- Vela azul-clara
3- Vela amarela
4- Vela vermelha
5- Vela azul-escura
6- Vela roxa
7- Vela branca
8- Vela verde
9- Vela magenta ou vermelha

CADEIA ELETROMAGNETICA PARA RECOLHER E APRISIONAR FORÇAS NEGATIVAS

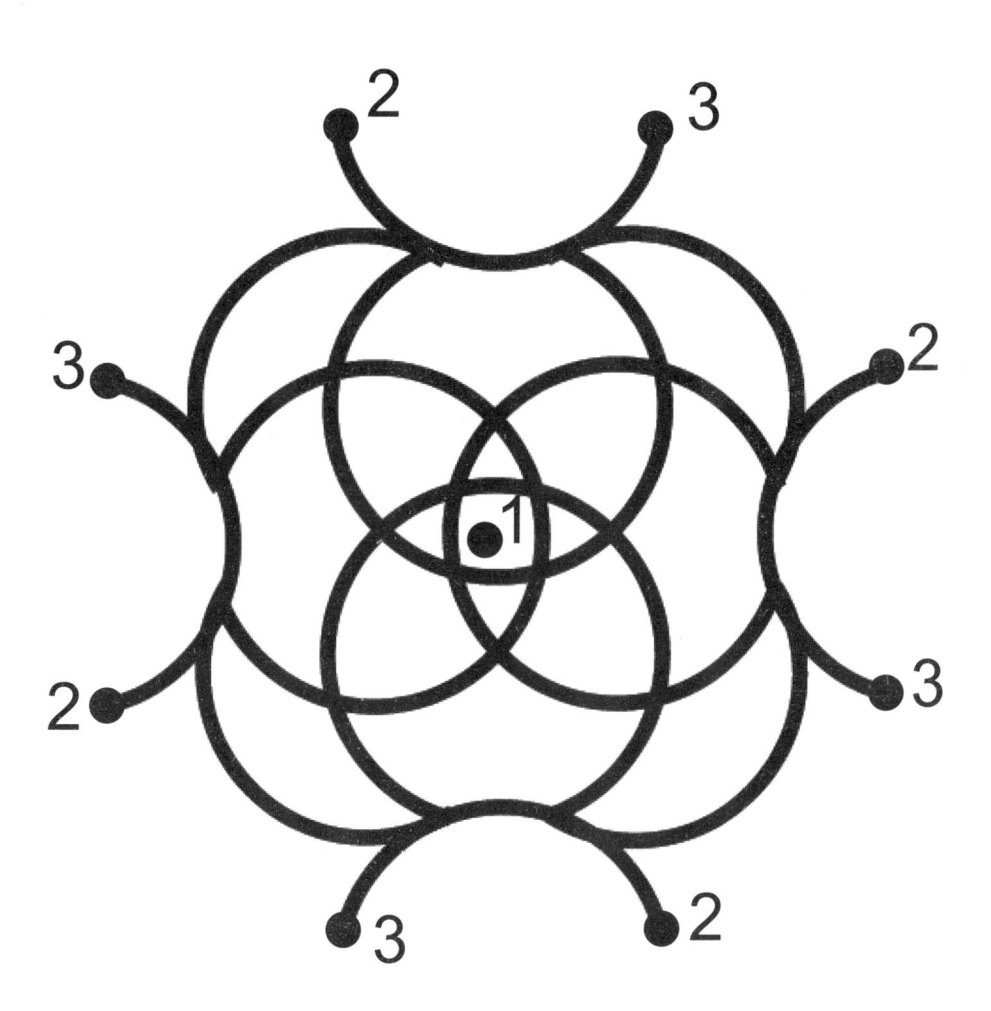

1- Vela branca
2- Vela azul-escura
3- Vela vermelha

Magia para descarregar os ambientes

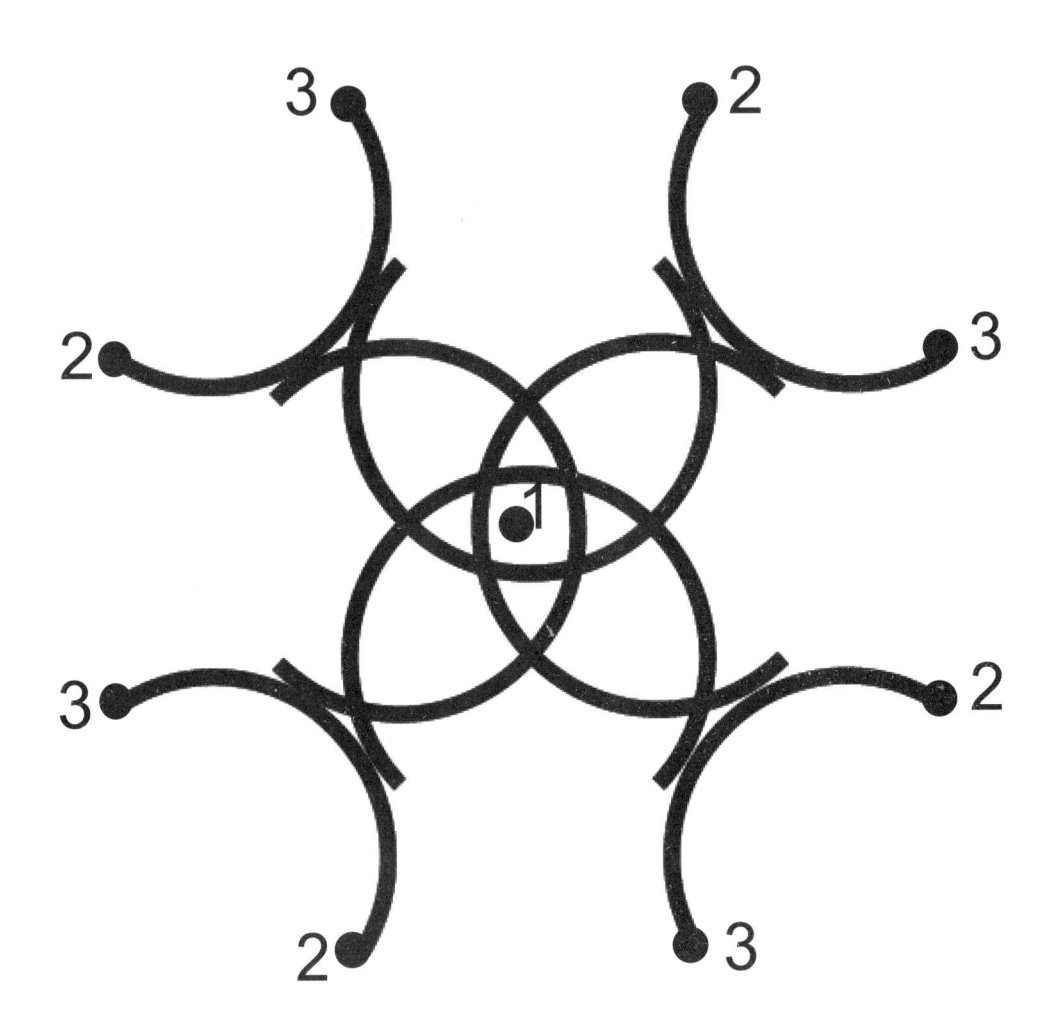

1- Vela violeta
2- Vela branca
3- Vela preta

Cadeia mágica para prender forças trevosas ou demoníacas

1- Vela azul-escura
2- Vela branca
3- Vela preta

Magia para saúde, limpeza energética e cura de espíritos sofredores

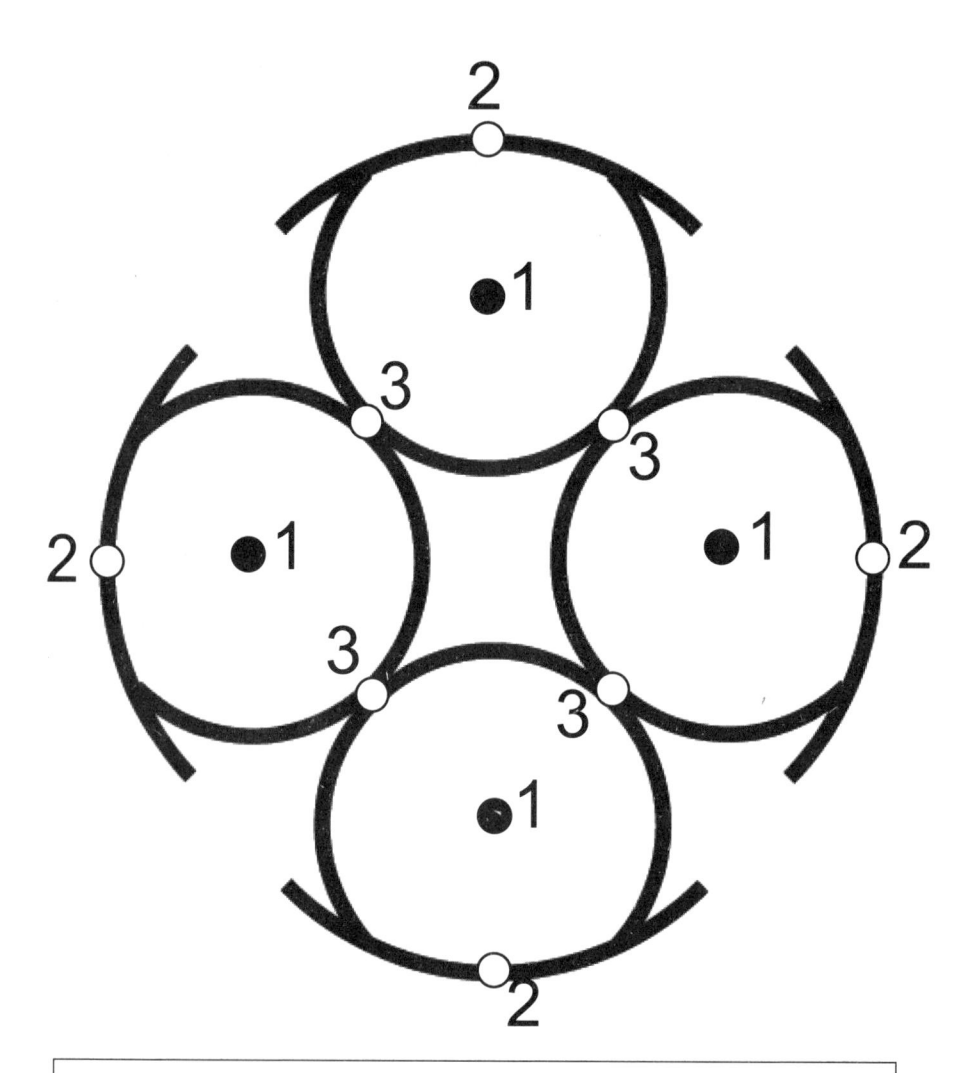

1. Copo com água
2- Vela azul-clara
3- Vela roxa

Magia para harmonização nos relacionamentos

1- Vela branca
2- Vela violeta
3- Vela amarela

126

Magia para anular magias negativas, afastar espíritos perturbadores e para a saúde

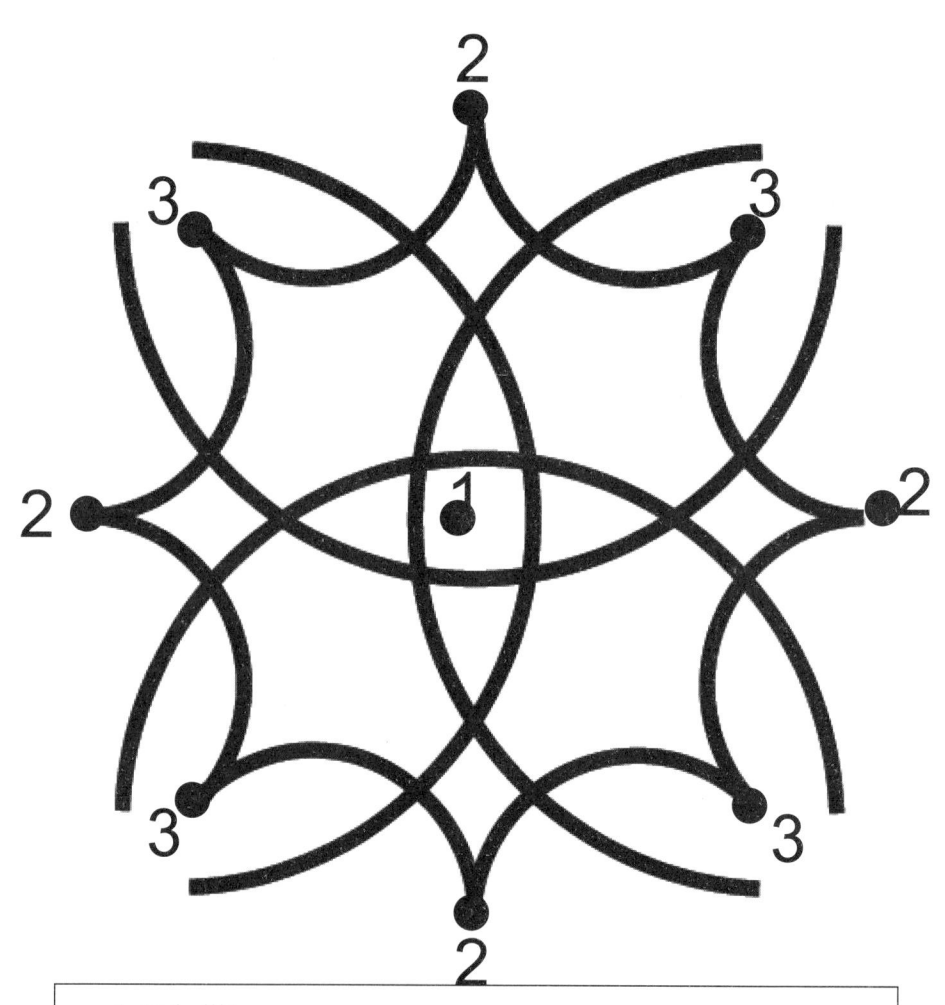

1- Vela lilás
2- Vela violeta
3- Vela amarela

Alfabeto Mágico do Tempo, do Mestre Mago do Arco-Íris... 127

ESTE SÍMBOLO DO TEMPO DEVE SER INSCRITO E ATIVADO QUANDO HOUVER ATUAÇÃO DE ESPÍRITOS OBSESSORES.

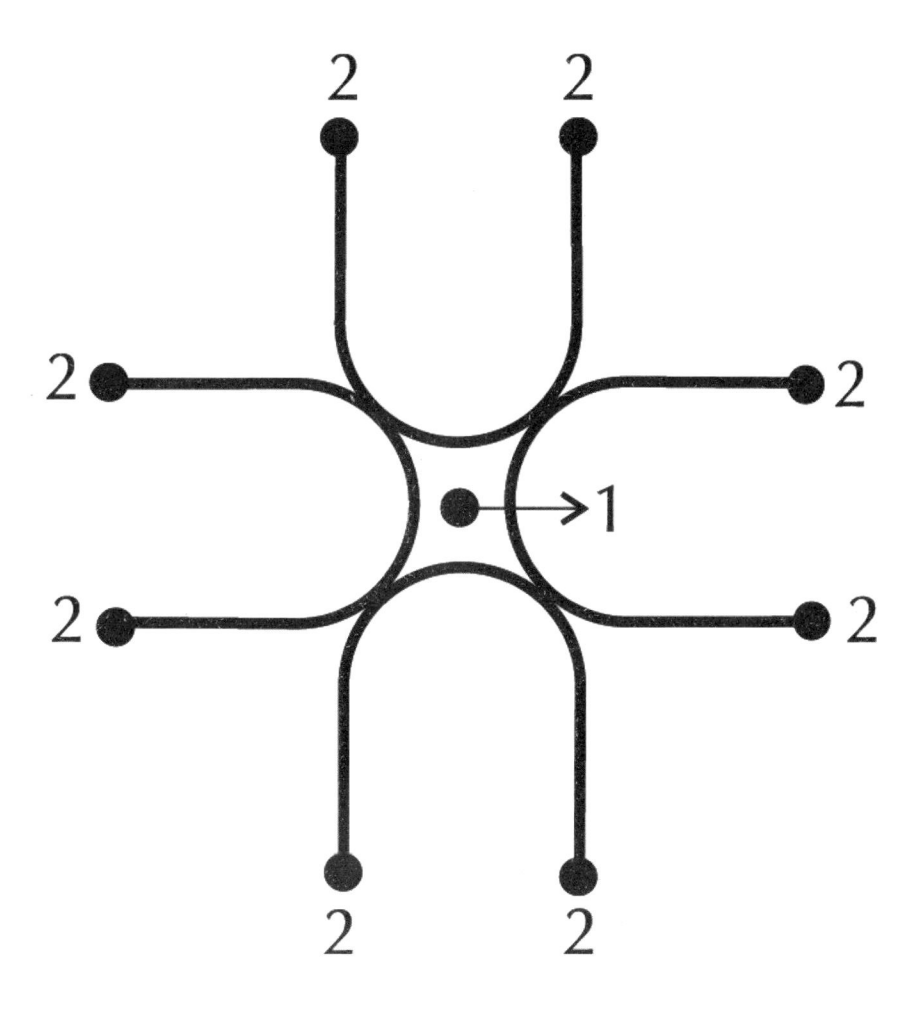

1- Vela azul-escura
2- Vela branca

Este símbolo do tempo deve ser usado para "desamarrar" algum projeto.

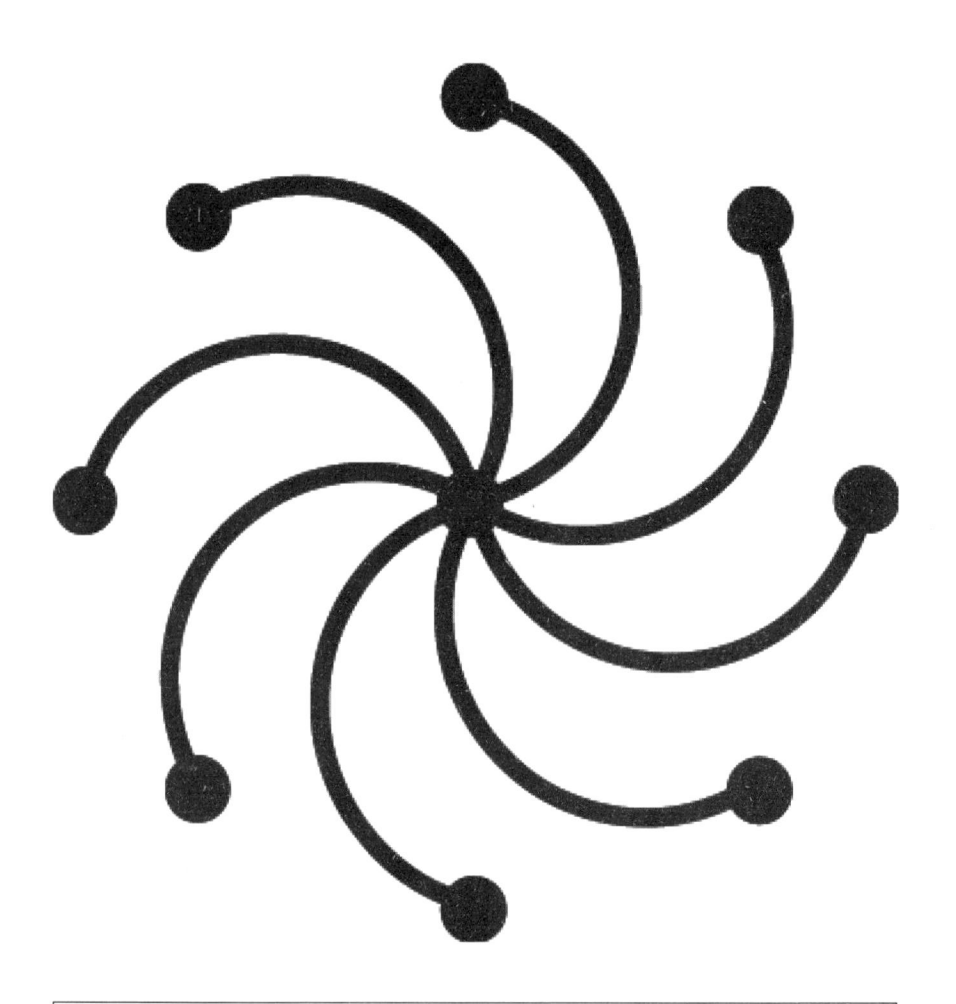

No ponto central, devem firmar uma vela branca.
Nos pontos localizados nas pontas das ondas, devem firmar velas coloridas, uma de cada cor.

ESTE SÍMBOLO DO TEMPO DEVE SER FIRMADO PARA "LIMPAR" UMA CASA E AFASTAR POSSÍVEIS ESPÍRITOS PERTURBADOS.

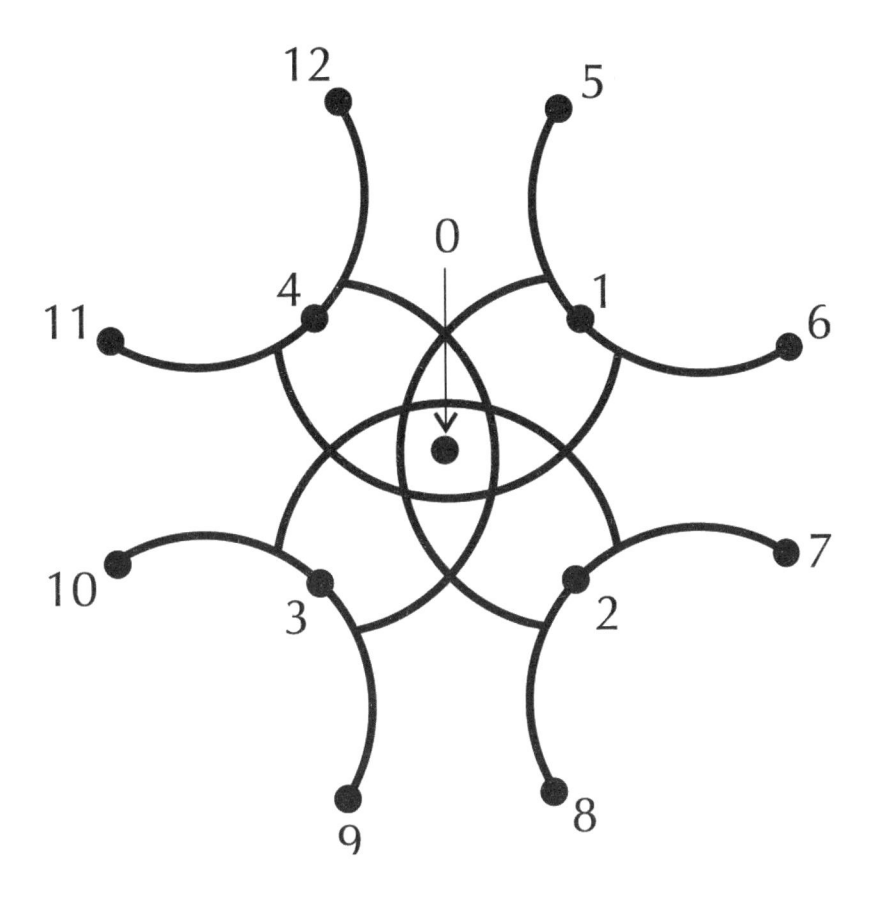

No ponto central devem firmar uma vela branca.

Nos pontos no meio das concavidades das ondas devem firmar estas velas:

1- Vela azul-escura
2- Vela amarela
3- Vela laranja
4- Vela vermelha

Nas pontas das ondas (de 5 a 12) devem firmar estas velas:

5- Vela branca
6- Vela azul-clara
7- Vela roxa
9- Vela violeta
10- Vela verde
11- Vela rosa
12- Vela magenta

ESTE SÍMBOLO SAGRADO DO TEMPO DEVE SER INSCRITO PARA ANULAR ATUAÇÕES PROVENIENTES DE MAGIAS NEGRAS.

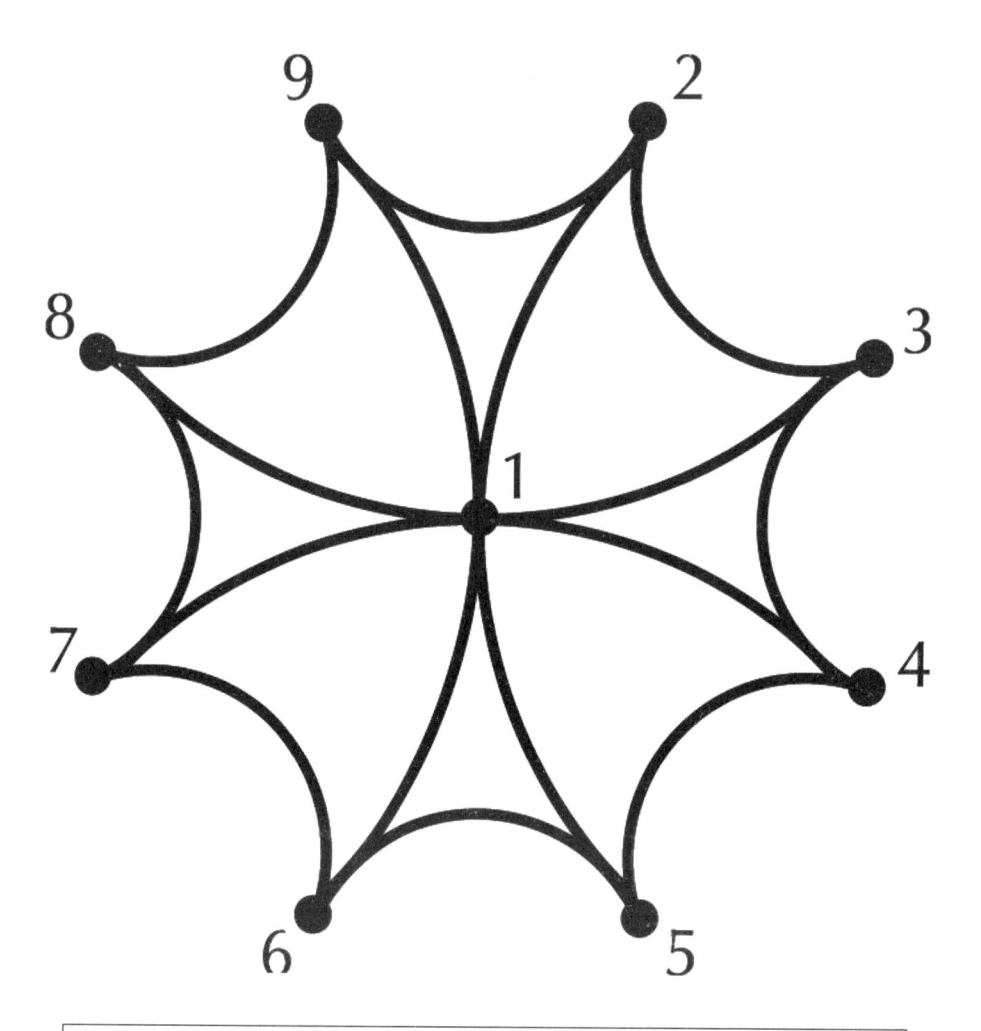

1- Vela azul-escura de sete dias
2- Vela branca de sete dias
3- Vela verde de sete dias
4- Vela marrom de sete dias
5- Vela roxa de sete dias
6- Vela vermelha de sete dias
7- Vela violeta de sete dias
8- Vela laranja de sete dias
9- Vela amarela de sete dias

Este símbolo sagrado ou "Estrela do Tempo" deve ser inscrito e iluminado com velas de sete dias, pois serve para a resolução de muitos problemas, desde os de saúde, desemprego, desarmonias, obsessões, etc. até para anular

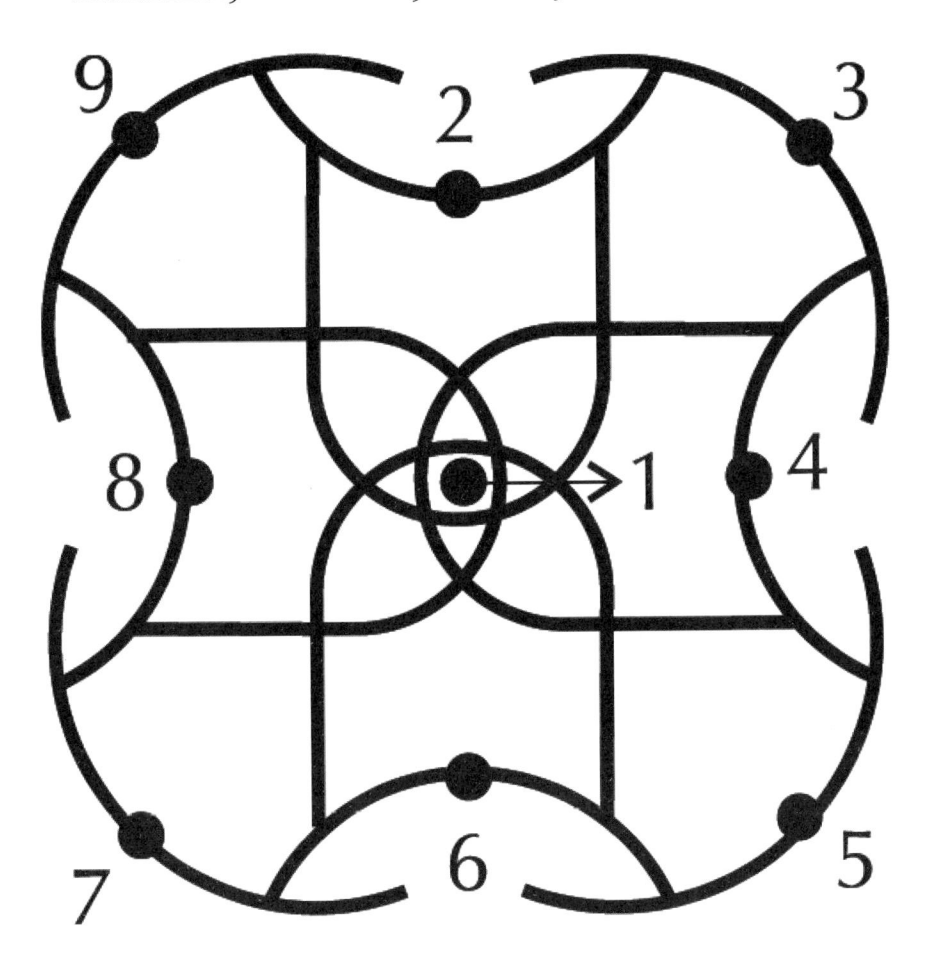

1- Vela branca de sete dias
2- Vela azul-escura de sete dias
3- Vela roxa de sete dias
4- Vela rosa de sete dias
5- Vela violeta de sete dias
6- Vela lilás de sete dias
7- Vela vermelha de sete dias
8- Vela laranja de sete dias
9- Vela amarela de sete dias

Lembrem-se que esses símbolos sagrados devem ser inscritos (riscados) com pemba ou giz branco, tanto no solo diretamente como sobre uma placa de ardósia, granito, lajota ou folha de compensado de madeira.
Após inscrevê-los, devem fazer esta evocação mágica:

Eu evoco Deus, seus Divinos Tronos, sua Lei Maior e sua Justiça Divina, assim como evoco o Senhor Trono do Tempo e as divindades aqui firmadas, e peço que me auxiliem na solução dos meus problemas pessoais ou oriundos de fontes externas desconhecidas por mim. Peço que me auxiliem a vencer e superar... (citar as dificuldades)... Amém!

Saibam que esta escrita mágica do tempo é muito poderosa, mas só devem recorrer ao que aqui foi liberado.

Saibam também que os símbolos sagrados aqui revelados podem ser gravados em um medalhão ou chapa de cobre, aço ou prata e ser usados como talismã ou pantáculo protetor sobre o peito, pendurado em uma correntinha, destas que se usa no pescoço.

Para consagrar o medalhão e imantá-lo com um magnetismo protetor, devem proceder desta forma:

1º – Coloquem o medalhão em cima de uma placa de ardósia, granito ou mármore.

2º – Firmem um círculo ígneo com sete velas brancas ao redor do medalhão.

3º – Firmem uma vela azul-escura em cima dele.

4º – Façam esta evocação consagratória:

– Eu evoco Deus, seus Divinos Tronos, sua Lei Maior e sua Justiça Divina, assim como evoco o senhor Trono do Tempo e suas divindades naturais e peço que consagrem este símbolo sagrado inscrito neste medalhão de cobre, aço ou prata, dando a ele o poder de anular as energias negativas à minha volta e afastar espíritos sofredores, obsessores ou desequilibrados.
Amém.

Após a evocação, é só esperar as velas se queimarem totalmente para terem para uso próprio um poderoso pantáculo, já consagrado magisticamente.

Bem, aqui vocês tiveram mais algumas amostras de como a Magia inscrita ou riscada é poderosa e útil às pessoas.

É certo que ela não soluciona todos os problemas na vida das pessoas. Mas é um ótimo recurso em certos momentos e para certas situações.

Saibam que todas as divindades maiores têm suas hierarquias assentadas nos domínios "atemporais" do Senhor Trono do Tempo, que é em si mesmo este mistério do Senhor Deus, o nosso Divino Criador.

Alfabeto Mágico Eólico Saraceni

Alfabeto Mágico Sagrado do Ar, de Rubens Saraceni, Mestre Mago Iniciador do Arco-íris Divino.

O Código da Escrita Mágica Simbólica

O ar que respiramos é apenas um referencial para podermos abordar a energia etérica conhecida como "eólica", já que este nosso "ar" é uma combinação de vários gases no qual predomina o oxigênio, fundamental para a oxigenação das células e para o metabolismo do organismo dos seres humanos, das aves, dos peixes, dos vegetais, dos insetos, etc.

Em verdade, a energia eólica é volátil e de difícil condensação através da sua mentalização pois, se podemos movimentá-la facilmente, no entanto é difícil concentrá-la.

Então a Magia recorre à inscrição de suas ondas vibratórias ou dos símbolos e signos formados pela fusão delas para criar aqui no plano material, dentro dos espaços mágicos, poderosos campos magnéticos que vão absorvendo-a, concentrando-a e condensando-a, para que possa usá-la segundo as necessidades das pessoas tratadas pelos magos.

Dentro dos espaços mágicos, ela se condensa de tal forma que cria uma espiral magnetizada que projeta ondas altamente energizadas, capazes de realizar as determinações mentais ou orais do mago que riscou o seu espaço mágico para realizar suas operações magísticas.

Podemos combinar a energia etérica eólica com todas as outras energias elementais naturais (dos elementos da natureza) tais como: vegetal, mineral, cristalina, aquática, ígnea e telúrica:

– A energia etérica vegetal é plasmática e, combinada com a energia eólica, adquire fluidez e volatilidade, expandindo-se no espaço etéreo.

– A energia etérea aquática pura, como é óbvio, é líquida e altamente concentrada, semelhante a uma calda ou um mingau. Caso absorva a energia ígnea, ela esquenta e fica parecida com a lava vulcânica. Caso absorva, a energia telúrica, ela "coagula" e fica parecida com uma gelatina. Mas, se absorver a energia eólica, adquire a capacidade de se irradiar e de volatilizar.

– A energia etérea cristalina é tão densa que precisa do auxílio da energia ígnea para desagregar-se, da energia aquática para fluir, da energia vegetal para expandir-se e da energia eólica para irradiar-se.

– A energia etérea mineral pura é muito concentrada e "pesada". Ela precisa da energia ígnea para adquirir maleabilidade, da energia aquática para adquirir mobilidade, da energia telúrica para adquirir irradiação e da energia eólica para adquirir volatibilidade e direcionamento.

– A energia etérea telúrica é seca e precisa da energia aquática para umidificar-se e deixar de ser um "pó". Precisa da energia ígnea para liquefazer-se e precisa da energia eólica para se irradiar ou transportar-se de um lugar para outro, senão, fica parada onde está sendo gerada.

– A energia etérea ígnea pura é densa e precisa da energia eólica para poder irradiar-se, precisa da energia vegetal para "alimentar-se" e expandir-se, precisa da energia vegetal para adquirir fluidez e precisa da energia telúrica para poder concentrar-se em um lugar ou para ser contida, pois tende a irradiar-se em todas as direções.

Bem, aí vocês tiveram mais um pouco de conhecimento sobre as energias elementais puras e por que umas precisam do auxílio das outras para melhor desempenhar suas funções nos planos etéreos da criação divina.

O fato é que a energia etérica eólica, na Magia, tem uma função importantíssima e é fundamental para todas as outras e para todas as operações da Magia.

Então nós inscrevemos suas ondas vibratórias, seus símbolos sagrados e seus signos nos espaços mágicos eólicos puros, nos espaços mágicos mistos ou compostos.

A energia eólica transporta-se através de 98 tipos de ondas, cada uma com uma forma só sua.

É certo que aqui não vamos mostrá-las, mas somente o seu alfabeto mágico, todo formado por signos puros, mistos e compostos, assim como mostraremos alguns dos seus símbolos sagrados, tudo regido pelo senhor Trono da Lei e por suas divindades, os aplicadores da lei na vida dos seres.

O alfabeto mágico eólico é formado por 289 caracteres (signos e símbolos). Mas aqui só vamos mostrar alguns, que foram liberados pelos Tronos Guardiões dos Mistérios de Deus.

Muitos signos mágicos eólicos já são usados na Magia inscrita desde tempos imemoriais, pois foram abertos ao plano material da vida durante a era religiosa dos grandes magos.

Símbolo Sagrado Eólico Feminino

Símbolo Sagrado Eólico Masculino

Bem, vamos parar por aqui pois já demos 114 caracteres puros da escrita mágica eólica e dois dos seus símbolos sagrados puros.

Aqui, apenas vamos ensiná-los a usar os dois símbolos sagrados.

Símbolo Eólico do Trono Feminino da Lei, regido pelo senhor Trono da Lei Maior. Deve ser inscrito no solo ou sobre uma placa de ardósia, granito ou mármore. Devem ser firmadas velas nos pontos.

No ponto central, devem firmar uma vela amarela de sete dias, acesa.
Nos pontos externos, devem firmar velas brancas comuns.

Este símbolo sagrado eólico da divindade feminina da Lei ajuda no direcionamento da nossa vida, na limpeza etérea de lares, no afastamento de perturbações espirituais, na anulação de Magias negativas, etc.

Símbolo Eólico Feminino da Lei

Devem evocar a Deus, seus Divinos Tronos, sua Lei Maior e sua Justiça Divina e o senhor Trono da Lei, assim como suas divindades eólicas e pedir o que desejam que realizem em benefício de vocês.

Símbolo Eólico do Trono Masculino da Lei, regido pelo senhor Trono da Lei Maior. Este símbolo deve ser riscado no solo ou sobre uma placa de ardósia, etc.

Ele deve ser usado para anulação de Magias negativas, abertura de "caminhos" materiais e espirituais, limpeza energética e espiritual de lares ou casas comerciais, etc.

– No ponto central devem formar uma vela de sete dias azul-escura.
– Nos números 1, 3, 5 e 7 devem firmar velas amarelas comuns.
– Nos números 2, 4, 6 e 8 devem firmar velas vermelhas comuns.

Bem, eis um pouco da Magia eólica e de seus caracteres mágicos!

Símbolo Eólico do Trono Masculino da Lei

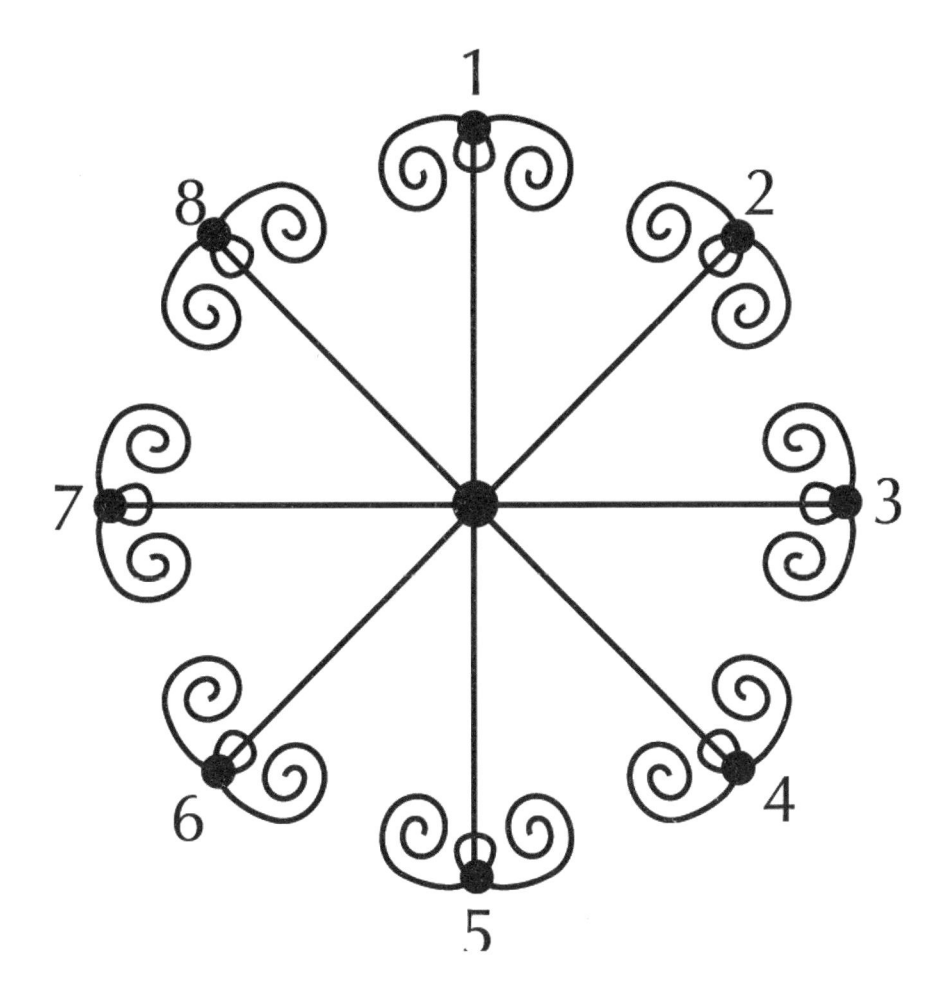

Magia para equilibrio emocional

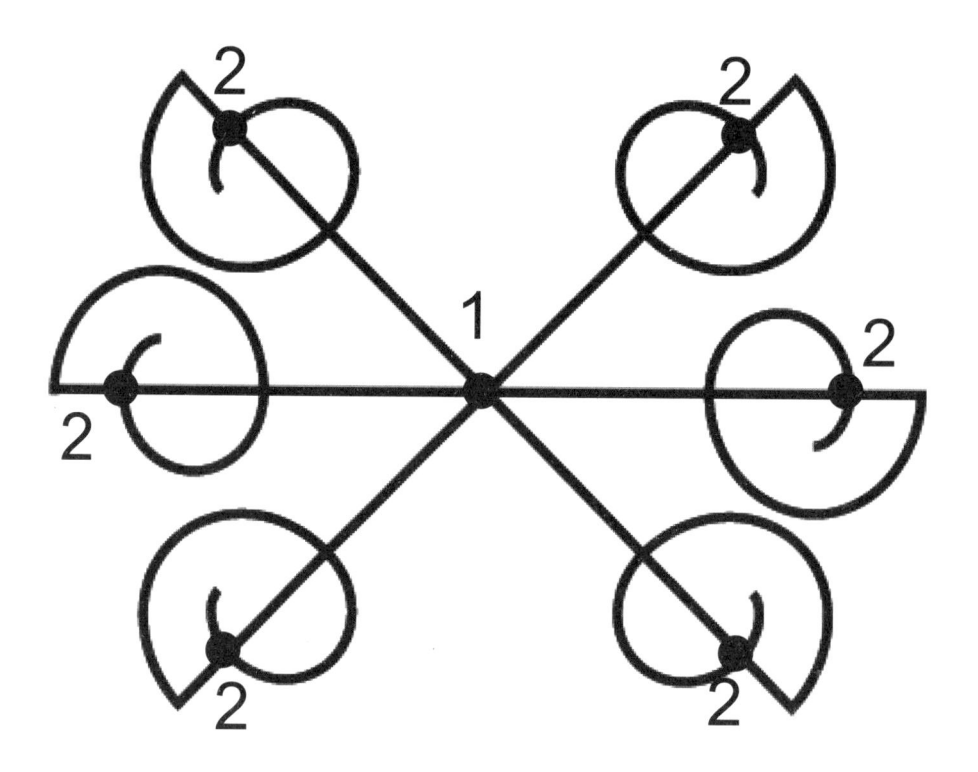

1- Vela amarela
2- Vela branca

Alfabeto Mágico Eólico Saraceni 143

Magia para saúde

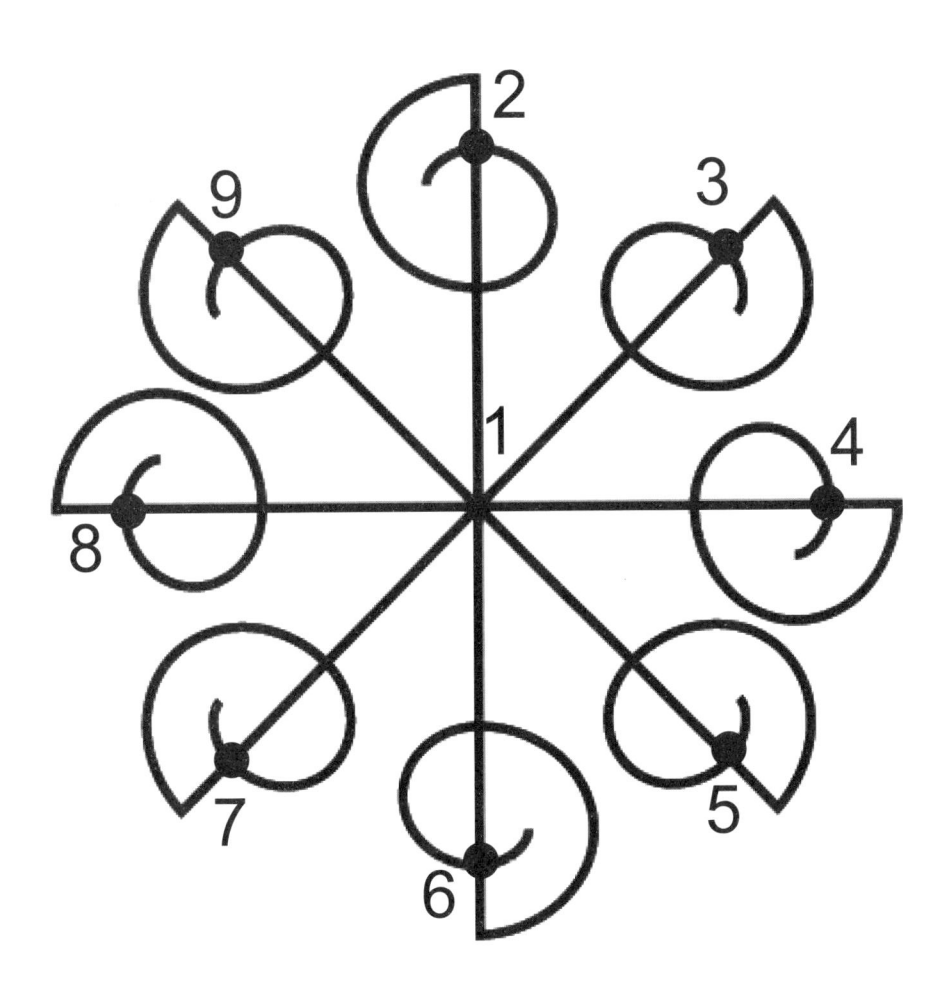

1- Vela amarela
2- Vela branca
3- Vela verde
4- Vela roxa
5- Vela rosa
6- Vela vermelha
7- Vela azul-clara
8- Vela marrom
9- Vela laranja

Magia para cortar inveja, mau-olhado, ciúmes e atuações mentais

1- Vela amarela
2- Vela azuis
3- Vela vermelhas

ALFABETO MÁGICO AQUÁTICO SARACENI

O alfabeto mágico mineral é formado por 777 caracteres, que formam toda uma simbologia "mineral" ou escrita mágica regida pelo Trono do Amor ou Trono dos Minerais.

Não vamos mostrá-lo em sua totalidade. Mas temos certeza de que só uma parte dele já auxiliará os apreciadores da simbologia a descobri-los onde quer que eles se encontrem inscritos.

Sim, muitos caracteres do alfabeto mágico mineral estão espalhados nas muitas Magias já abertas, sendo que passam despercebidos dos maiores *experts* em Magia da atualidade.

Vamos a ele.

ALFABETO MÁGICO MINERAL SAGRADO DE RUBENS SARACENI, MESTRE MAGO INICIADOR DO ARCO-ÍRIS DIVINO:

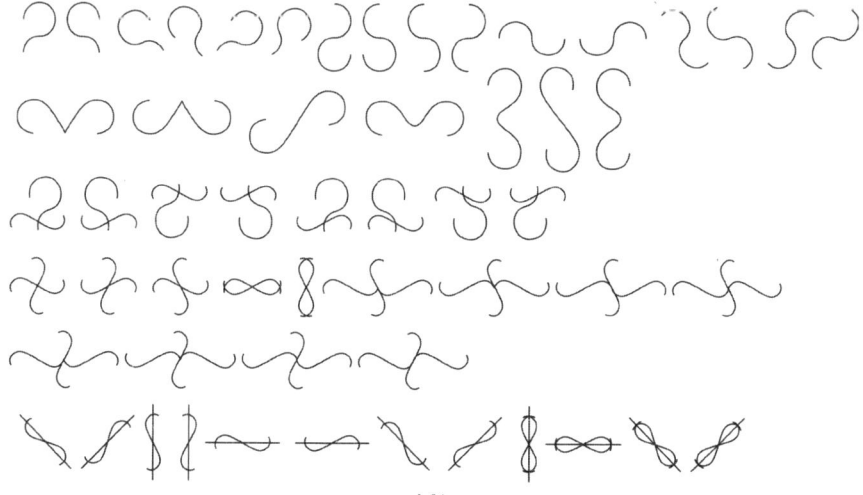

Símbolos Sagrados Formados por Signos

ALFABETO MÁGICO TELÚRICO SARACENI

ALFABETO MÁGICO TELÚRICO, DE RUBENS SARACENI.

Este alfabeto mágico é formado por 322 caracteres, entre simples, mistos e compostos, formando toda uma escrita "telúrica", regida pelo Trono Masculino da Geração.

Aqui, só mostraremos uma parte dele.

Saibam que o Trono da Geração irradia-se de sete formas diferentes, isto é, através de sete tipos de ondas, e que são estas:

Ondas Retas Cruzadas

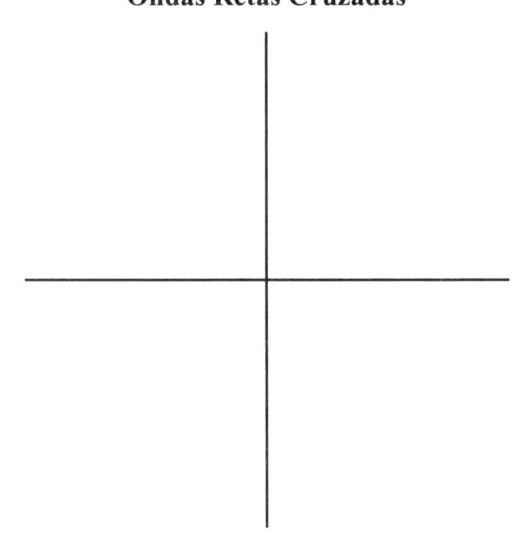

148 *O Código da Escrita Mágica Simbólica*

Ondas Circulares

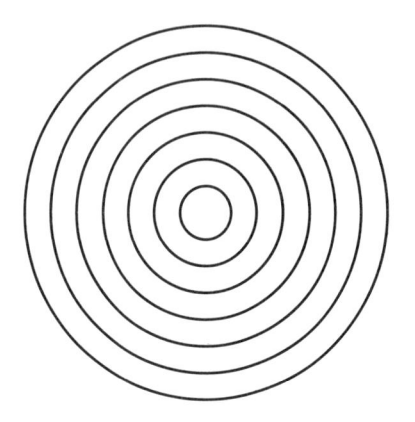

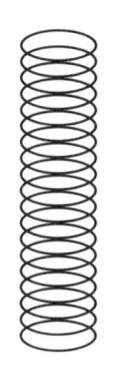

Ondas Curvas em Cruz ou em "U"

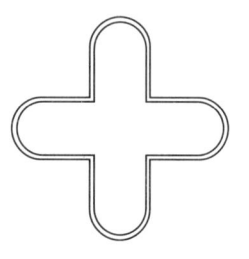

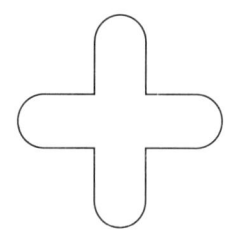

Ondas Retas Eladas

Onda Reta Retornável

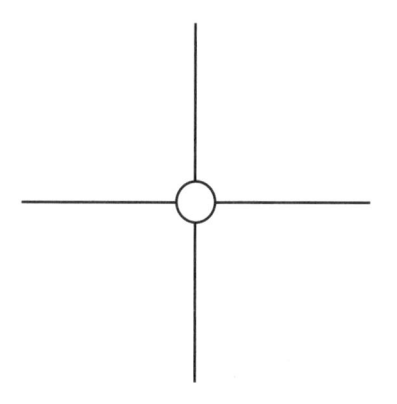

Ondas Eladas (em elos)

Onda com Retorno Triangulado

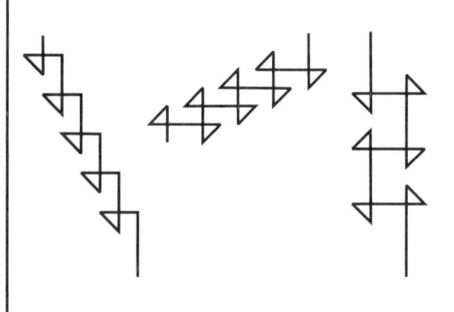

Alfabeto Mágico Telúrico Saraceni

Destas sete ondas saem signos simples, mistos e compostos, que formam toda uma escrita mágica, assim como formam símbolos sagrados telúricos.

Vamos aos signos que formam parte do alfabeto mágico sagrado de Rubens Saraceni, Mestre Mago Iniciador do Arco-íris Divino:

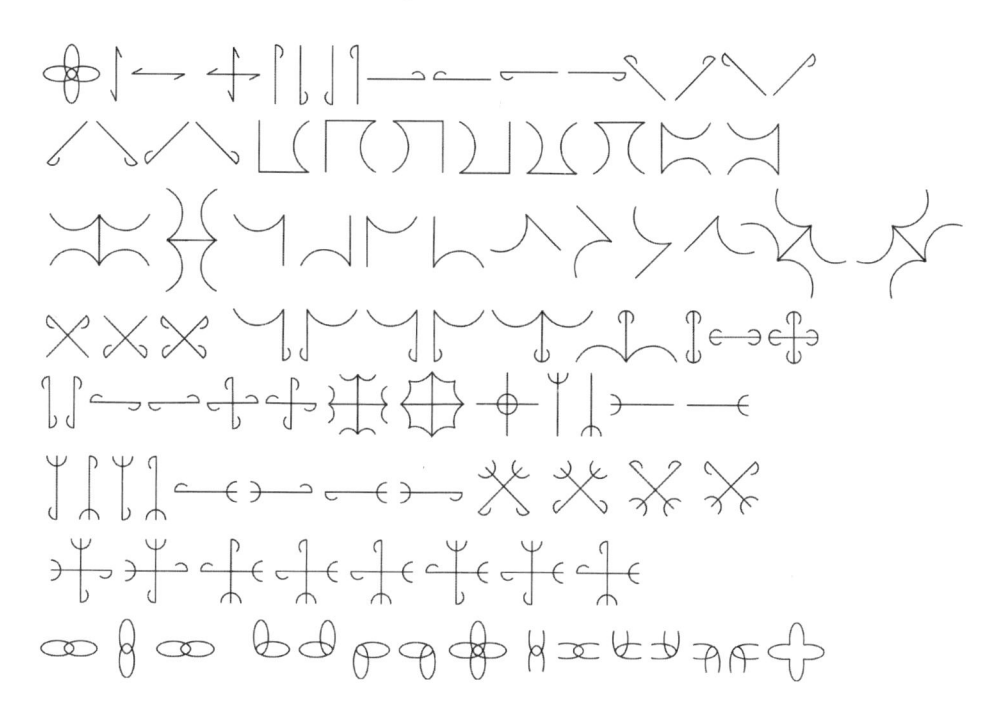

SÍMBOLOS TELÚRICOS

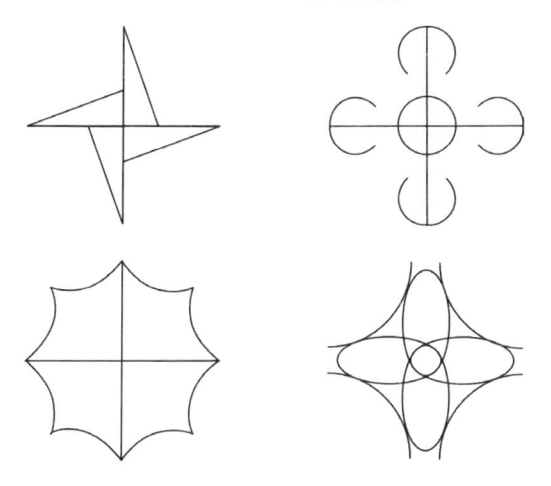

Magia para limpar ambientes

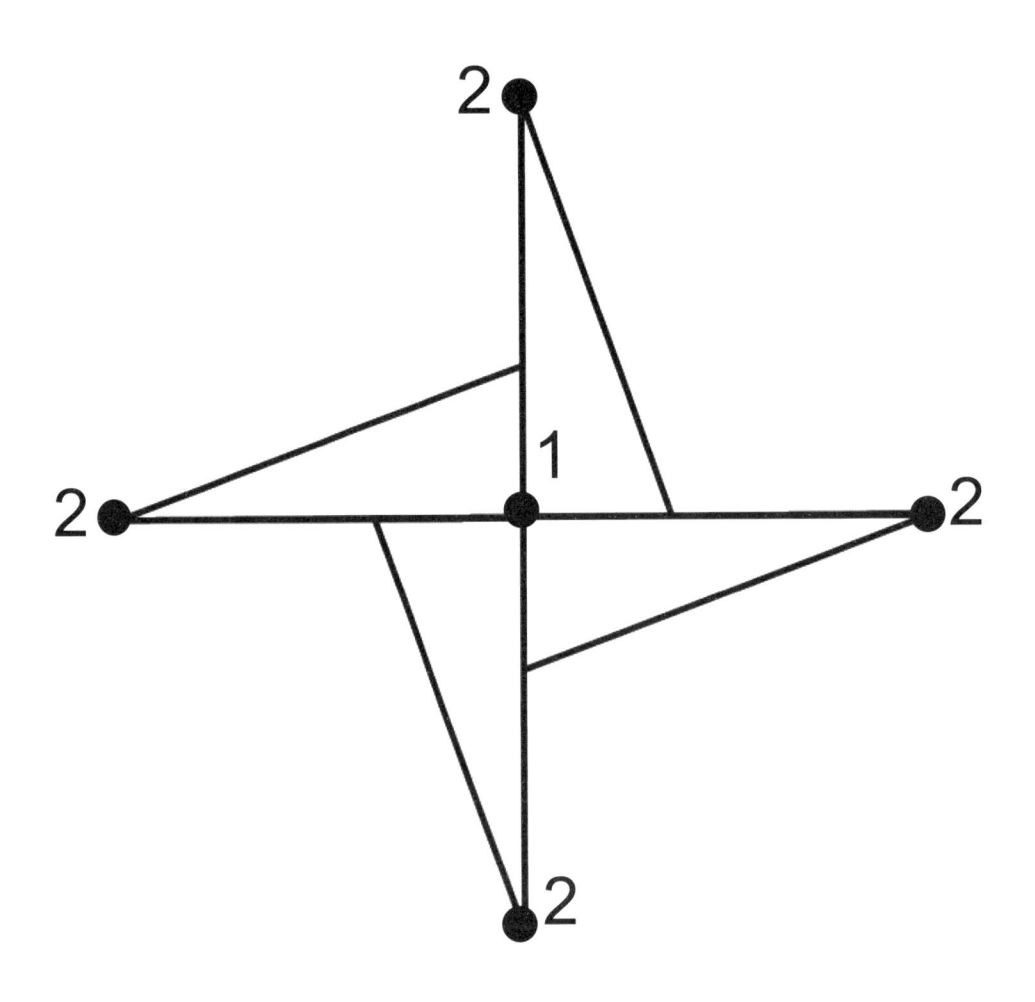

1- Vela Branca
2- Vela Roxa

MAGIA PARA AFASTAR ESPÍRITOS PERTURBADORES E PARA LIMPEZA DE AMBIENTES, PESSOAS, ETC.

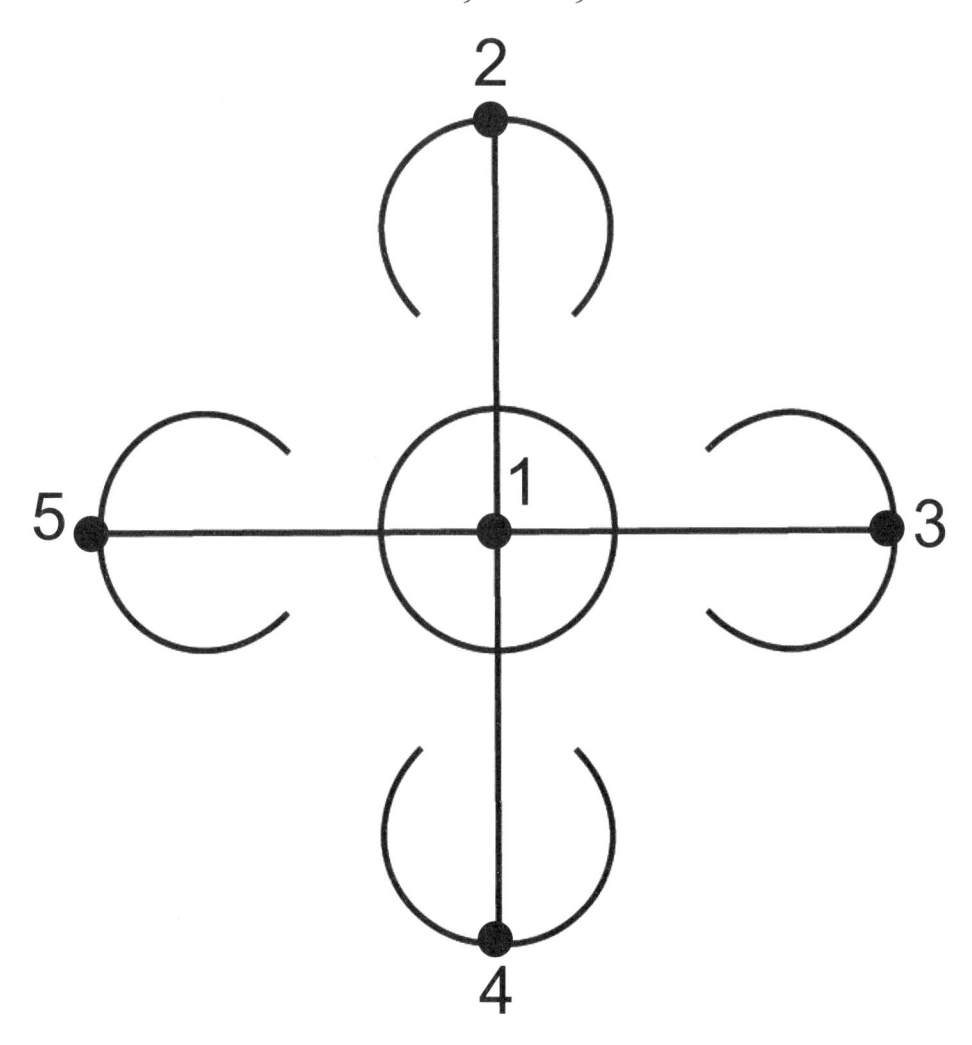

1- Vela branca
2- Vela roxa
3- Vela amarela
4- Vela vermelha
5- Vela laranja

Magia para limpeza de ambientes e saúde

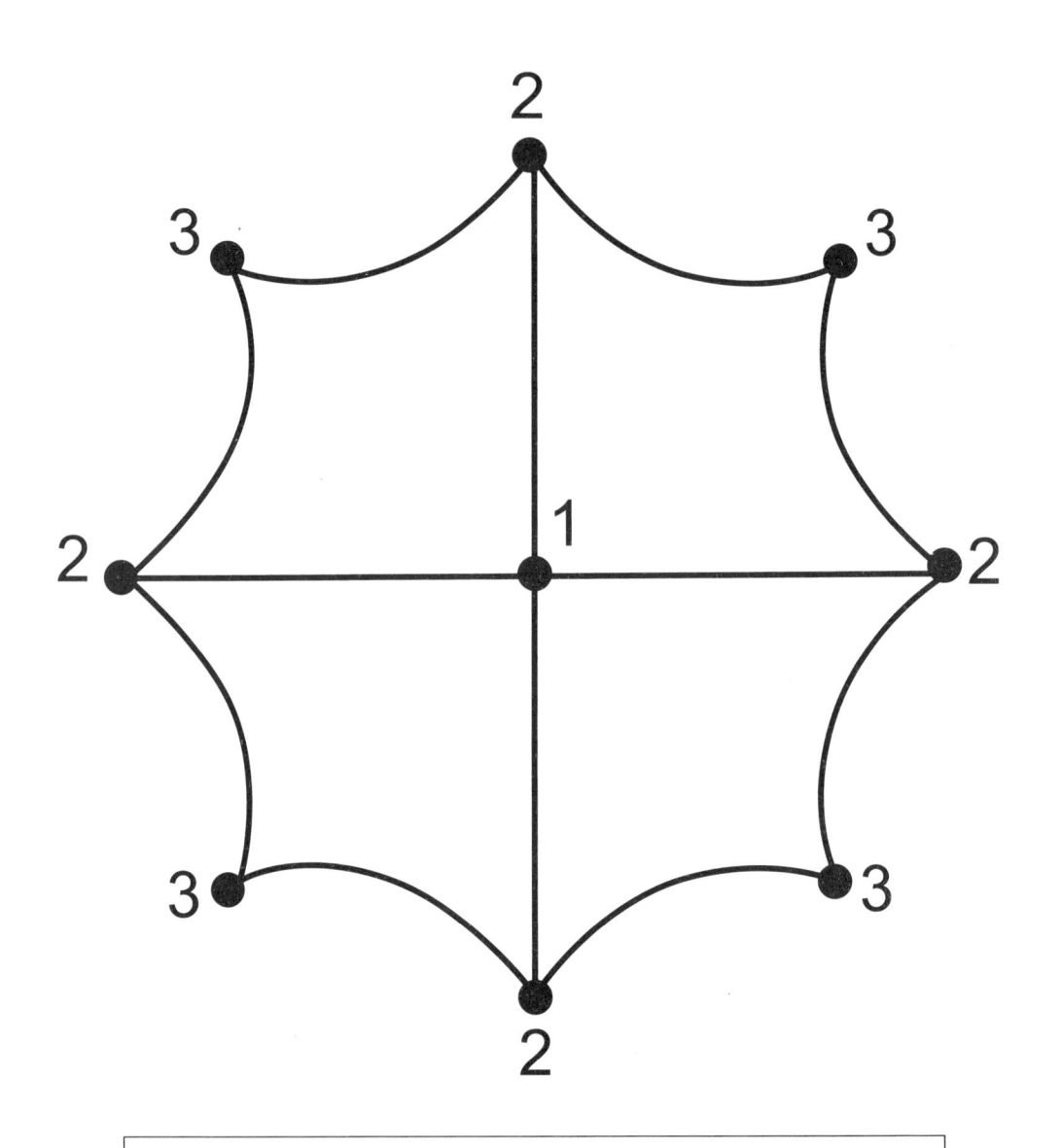

1- Vela branca
2- Vela roxa
3- Vela amarela

Magia para saúde e limpeza energética

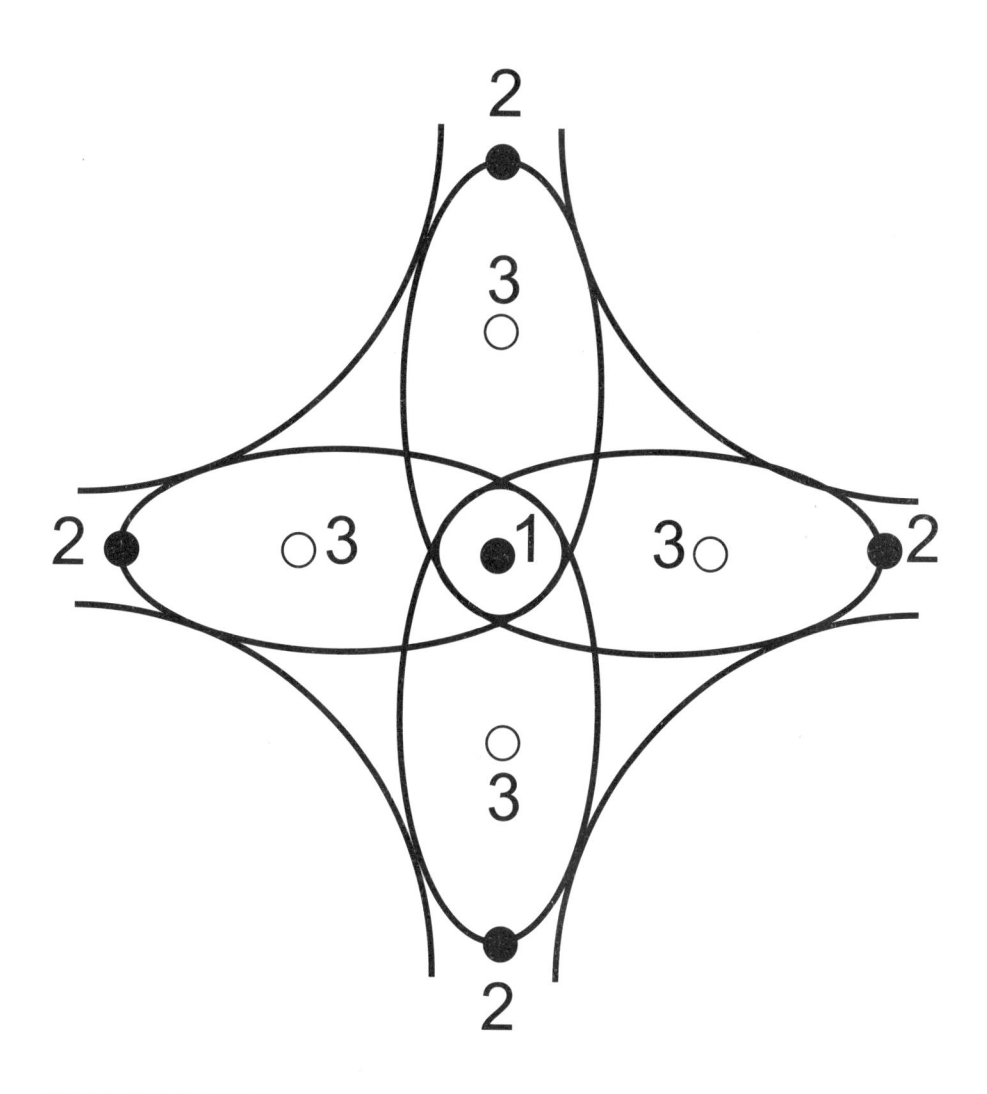

1- Vela branca
2- Vela azul-clara
3- Copo com água e sal

Magia para cortar Magias negras

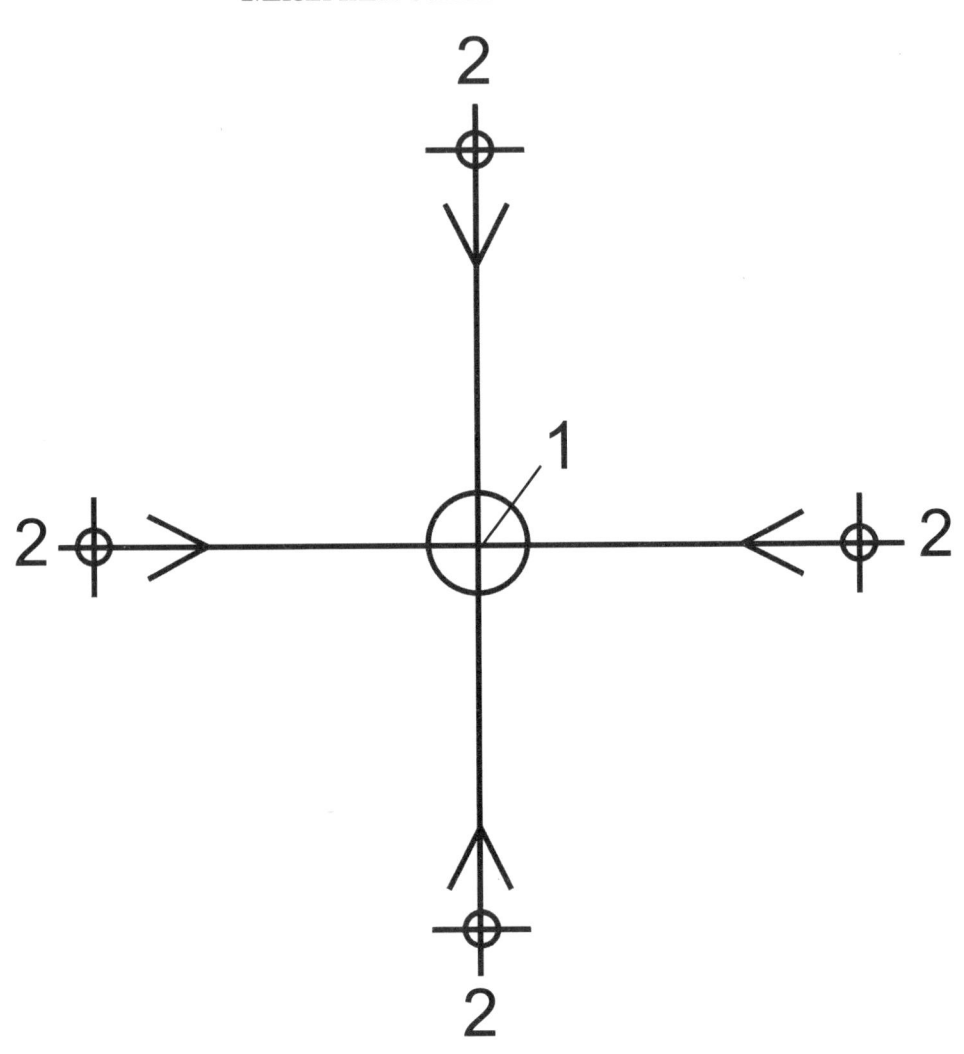

1- Vela branca
2- Vela preta

Magia para saúde e limpeza energética

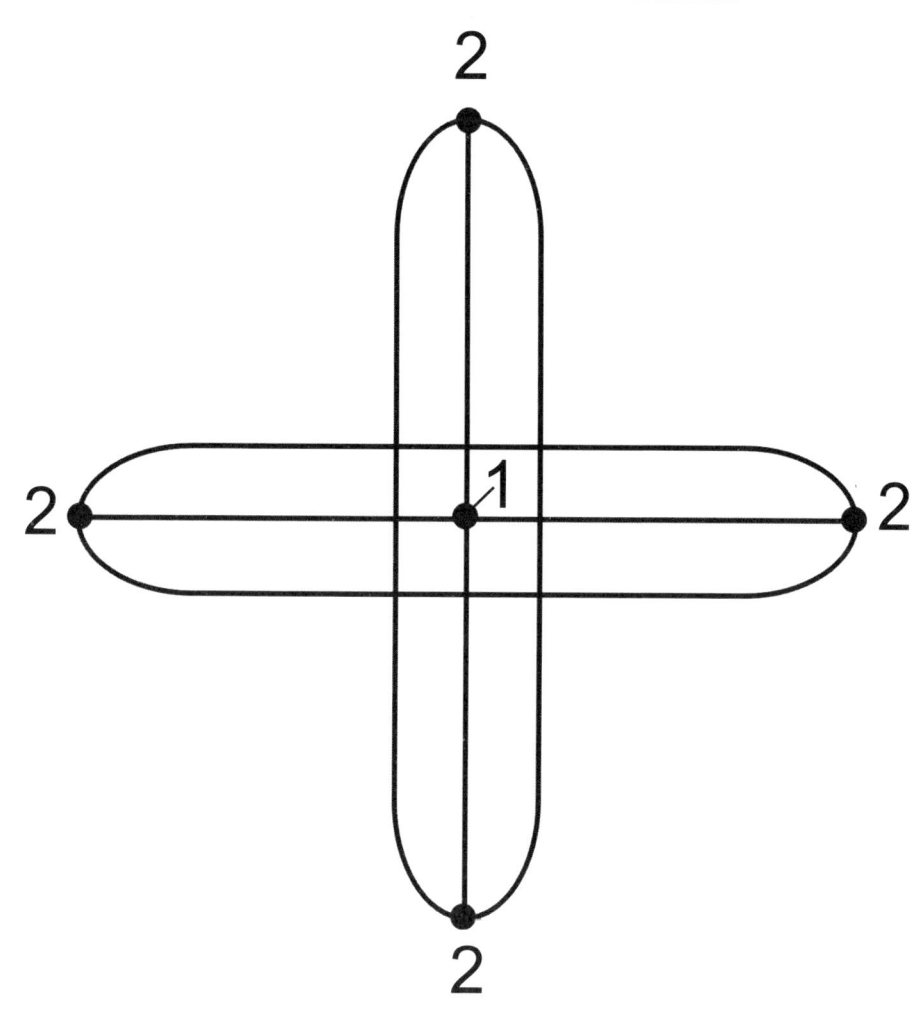

1- Vela azul-escura
2- Vela vermelha

ALFABETO MÁGICO AQUÁTICO SARACENI

ALFABETO MÁGICO ÍGNEO DE RUBENS SARACENI, MESTRE MAGO INICIADOR DO ARCO-ÍRIS DIVINO:

O Alfabeto Sagrado aquático, de Rubens Saraceni, Mestre Mago do Arco-íris Divino tem 777 signos ou caracteres mágicos, pois o Trono Feminino da Geração irradia-se através de 33 "tipos" de ondas, todas diferentes umas das outras.

Não podemos revelar todos aqui por causa da lei dos mistérios. Mas parte dos seus signos será mostrada só para que tenham uma ideia desse magnífico alfabeto mágico aquático.

Vamos mostrar algumas de suas ondas vibratórias das quais saem seus signos mágicos e seus símbolos sagrados simples, duplos e compostos.

Onda Aquática Retornável:

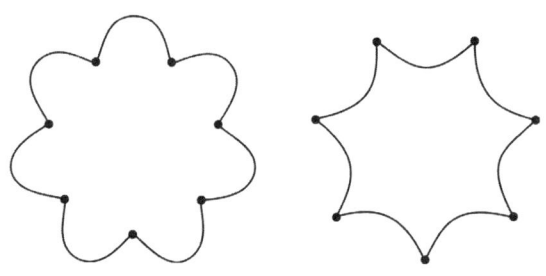

Onda Aquática Anelada Simples:

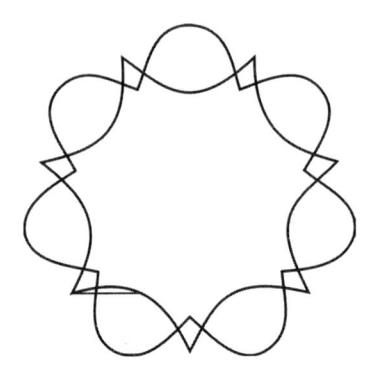

Onda Aquática Anelada Dupla:

Onda Aquática Angulada:

Onda Aquática Circular Entrelaçada:

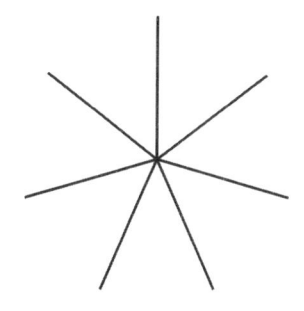

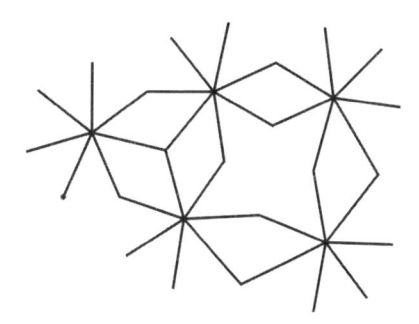

Onda Aquática Raiada:

Onda Aquática Estrelada:

Onda Aquática Anelada-Losangular:
Bem, aí vocês têm algumas das ondas aquáticas do Trono Feminino da Geração, das quais retiraremos alguns signos mágicos e símbolos sagrados.

Alfabeto Sagrado Aquático de Rubens Saraceni, mestre mago iniciador do Arco-íris Divino:

Alfabeto Mágico Aquático Saraceni 161

MAGIA PARA LIMPEZA DE CASAS

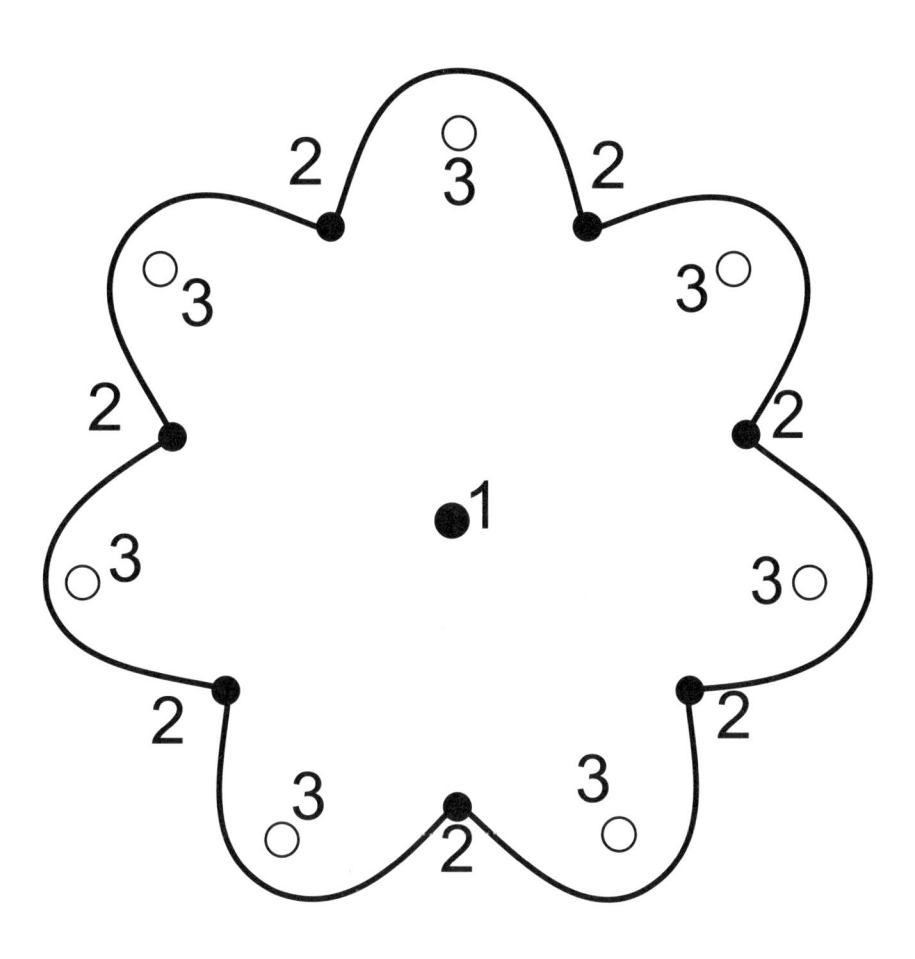

1- Vela azul-clara
2- Vela brancas
3- Copo com água doce

Magia para harmonia e saúde

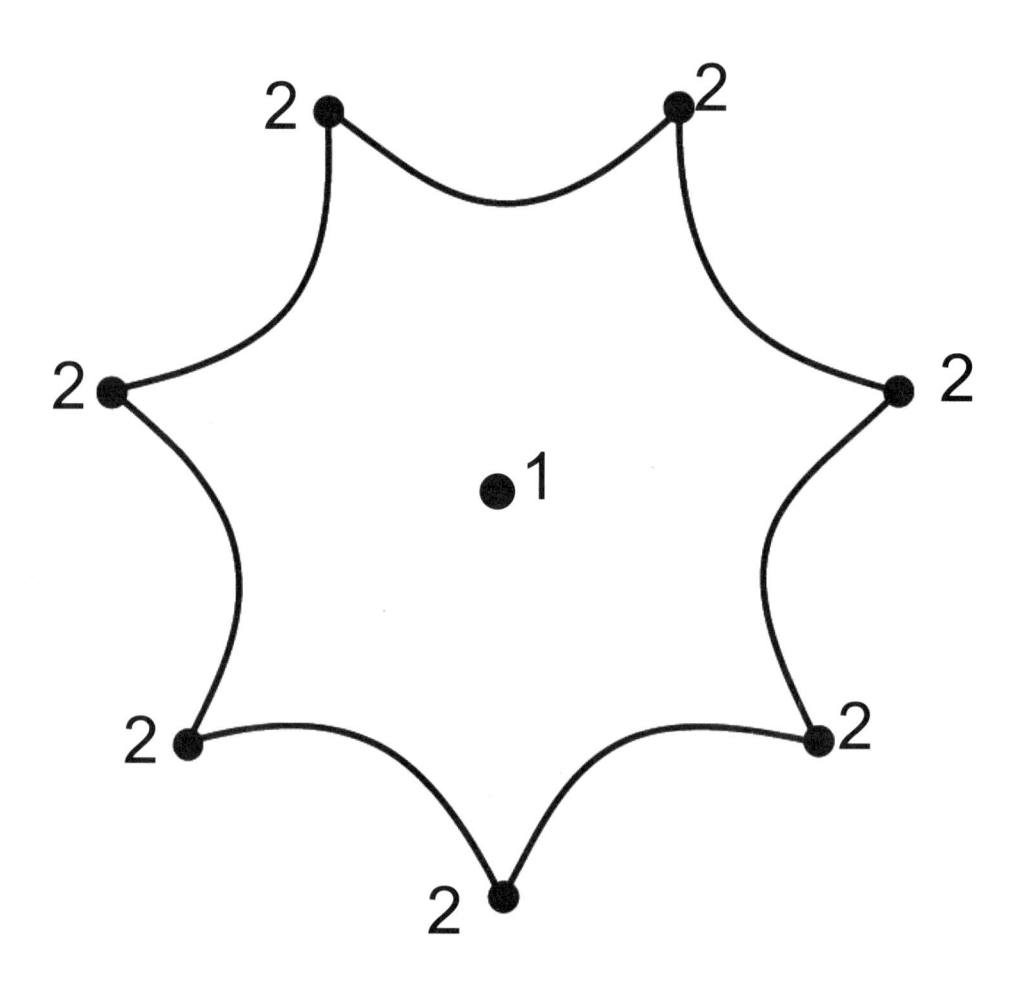

1- Vela branca
2- Vela azul-clara

Magia para cortar Magias negras e para limpeza de ambientes

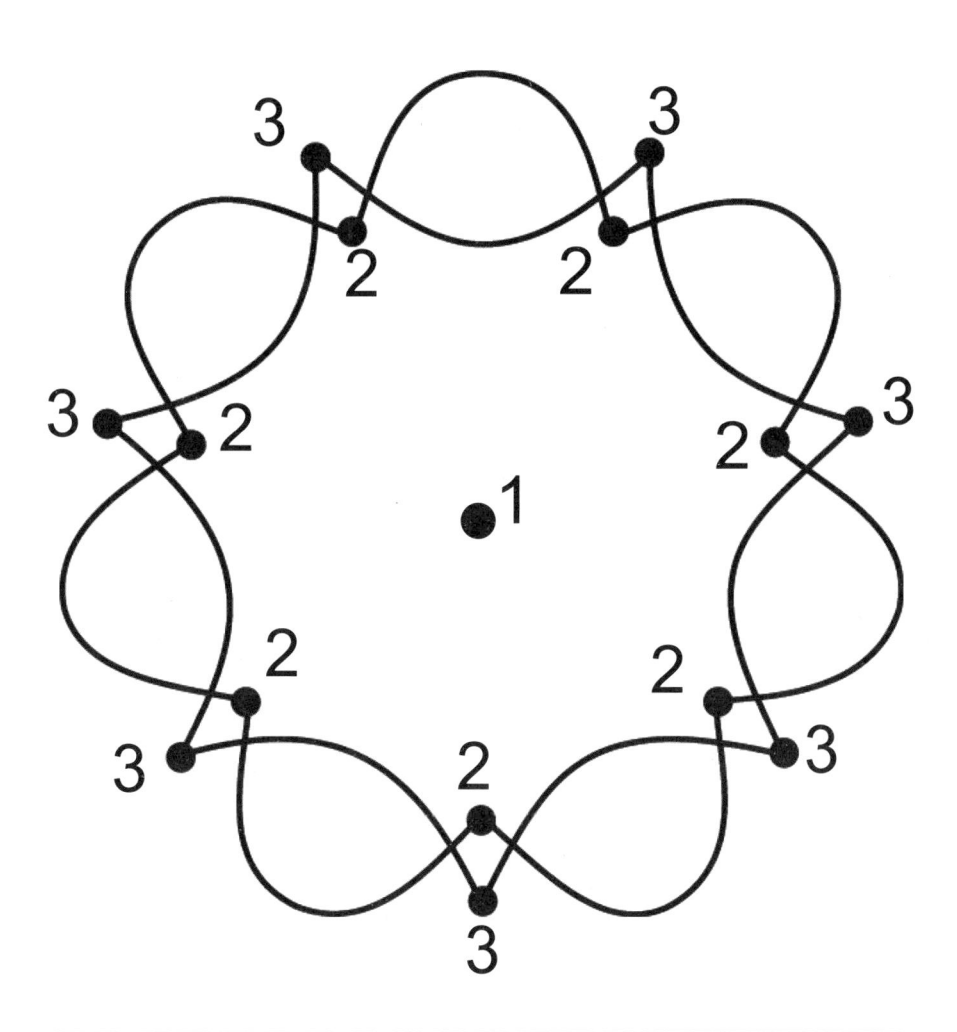

1- Vela azul-clara
2- Vela vermelha
3- Vela amarela

Cadeia Mágica Aquática

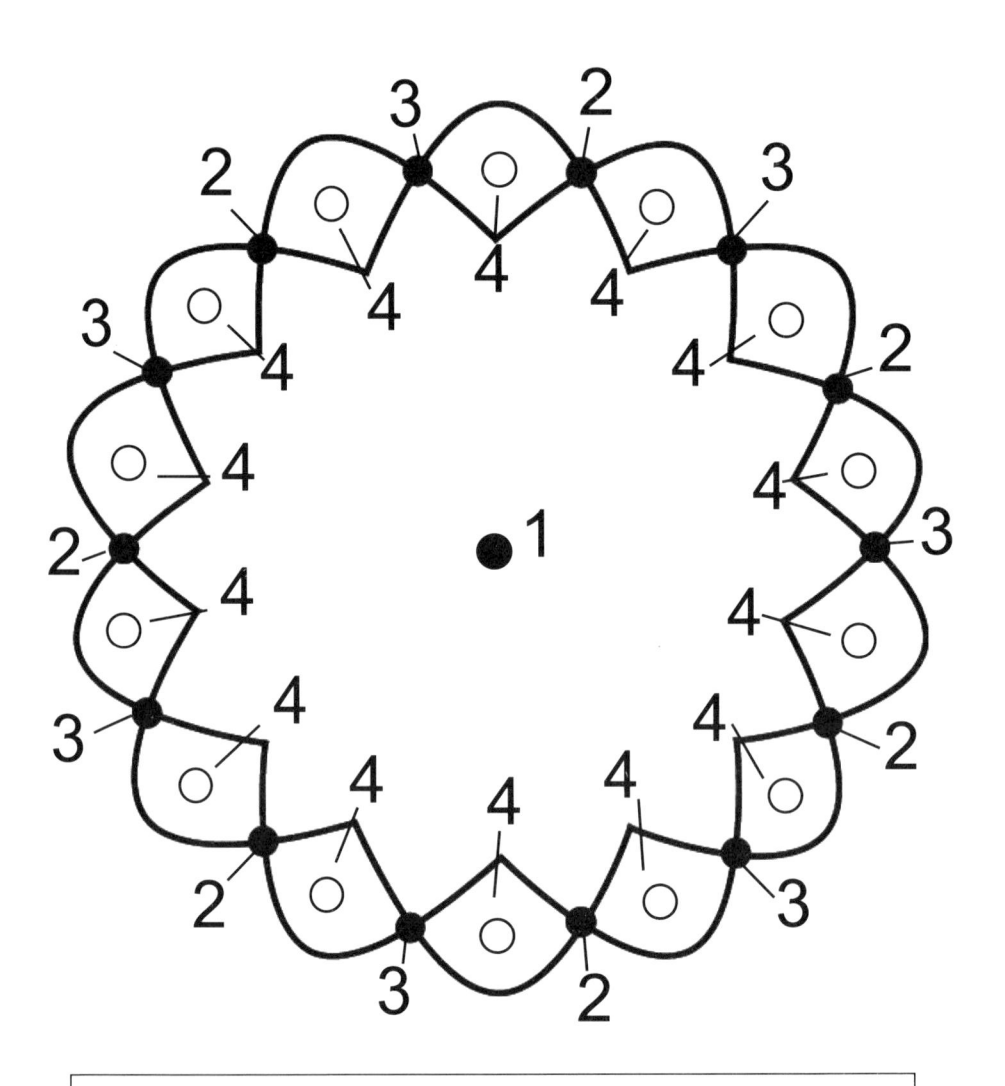

1- Vela branca
2- Velas roxas
3- Velas azul-clara
4. Copos com água e sal

Magia para gerar coisas novas e positivas

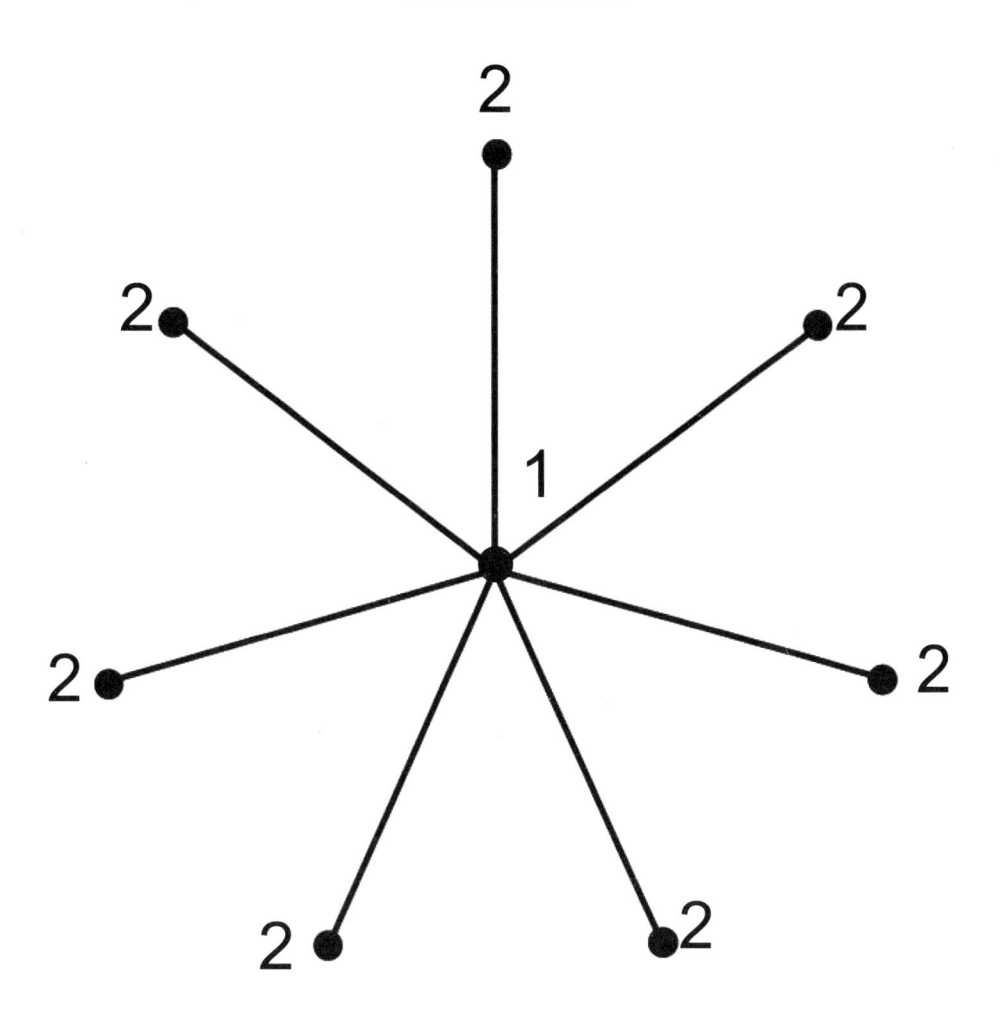

1- Vela branca
2- Velas azul-clara

MAGIA PARA EQUILÍBRIO MENTAL E EMOCIONAL

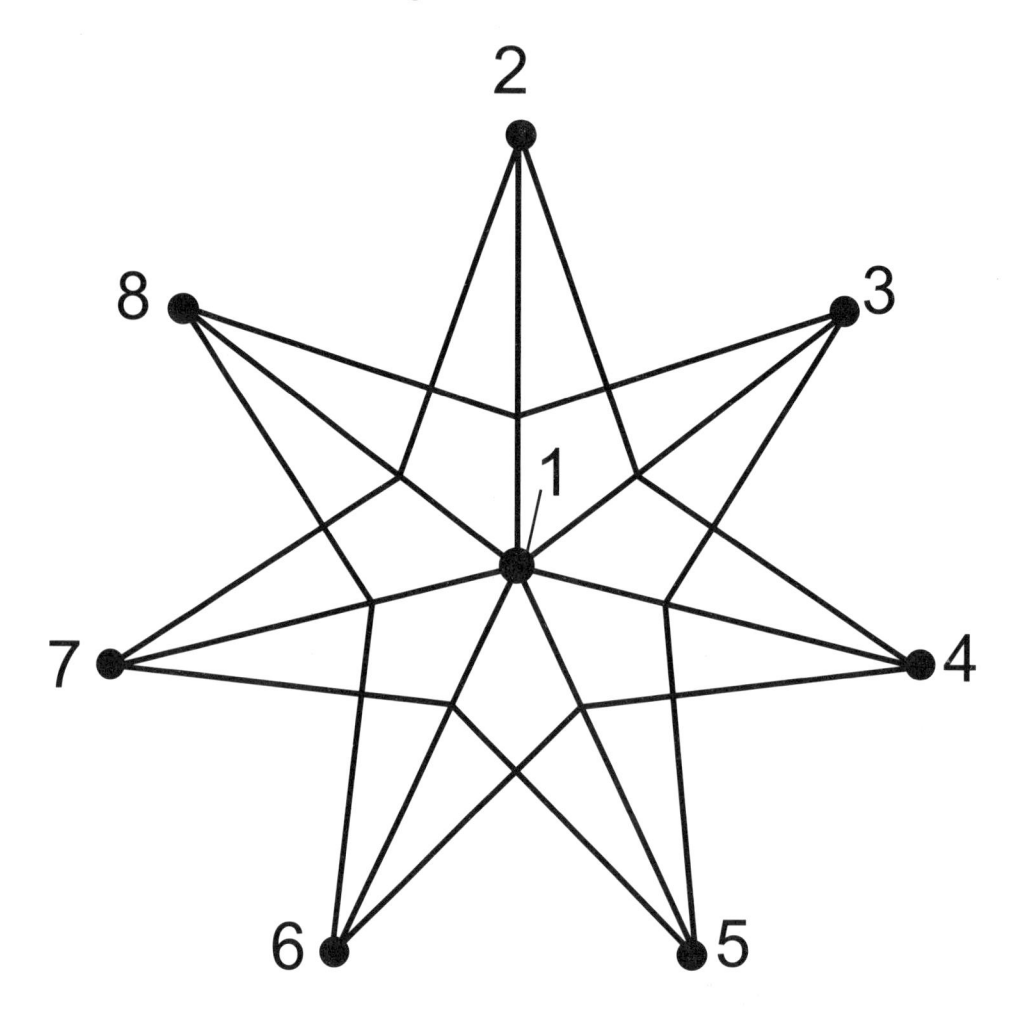

1- Vela branca
2- Vela azul-clara
3- Vela amarela
4- Vela verde
5- Vela vermelha
6- Vela roxa
7.Vela azul-escura
8- Vela laranja

ALFABETO MÁGICO ÍGNEO

ALFABETO MÁGICO ÍGNEO DE RUBENS SARACENI, MESTRE MAGO INICIADOR DO ARCO-ÍRIS DIVINO:

Este alfabeto mágico é formado por 777 signos que formam toda uma simbologia ígnea ou escrita mágica do fogo, regida pelo senhor Trono da Justiça.

Os signos e símbolos foram retirados das telas vibratórias dos dois Tronos (o masculino e o feminino) já diferenciados como divindades aplicadoras da Justiça Divina na vida dos seres.

A Magia do "fogo" é tão antiga quanto a própria humanidade porque ele sempre despertou medo, admiração, respeito e temor, já que, quando fora de controle, sua ação é devastadora.

Então, surgiram os "cultos" ao fogo e aos "deuses" ígneos, todos muito temidos.

Como o ser humano é genioso, inventivo, criativo e sempre tenta dominar tudo o que o assusta, que causa admiração ou temor, então surgiram os Magos do Fogo e suas temidas e poderosas Magias ígneas, as quais se avolumaram com o passar do tempo e se elitizaram, tornando-se "propriedade" das castas de sacerdotes das divindades ígneas.

Esses sacerdotes-magos do fogo alcançaram fama e poder e espalharam a Magia ígnea por todo o planeta, e em algumas regiões e civilizações surgiram lendas e mitos que ultrapassaram seus países, tais como o culto ao fogo dos antigos magos persas.

O fato é que o Senhor Trono da Justiça Divina é uma divindade ígnea e suas irradiações equilibradoras de tudo o que Deus criou projetam-se através de 77 tipos de ondas vibratórias magnéticas saturadas de energia ígnea etérea.

Suas 77 telas refletoras formam símbolos magníficos e quase impossíveis de ser desenhados, de tanto que impressionam nossa visão, chegando até a ofuscar-nos.

Aqui, não daremos todas as suas ondas vibratórias, seus símbolos e seus signos, mas somente alguns, pois cremos que serão suficientes para elucidar símbolos há muito usados por religiões e por ordens ocultistas ou iniciáticas.

Vamos ao que nos é permitido revelar!

ALFABETO MÁGICO SAGRADO ÍGNEO DO MESTRE MAGO INICIADOR DO ARCO-ÍRIS DIVINO, RUBENS SARACENI

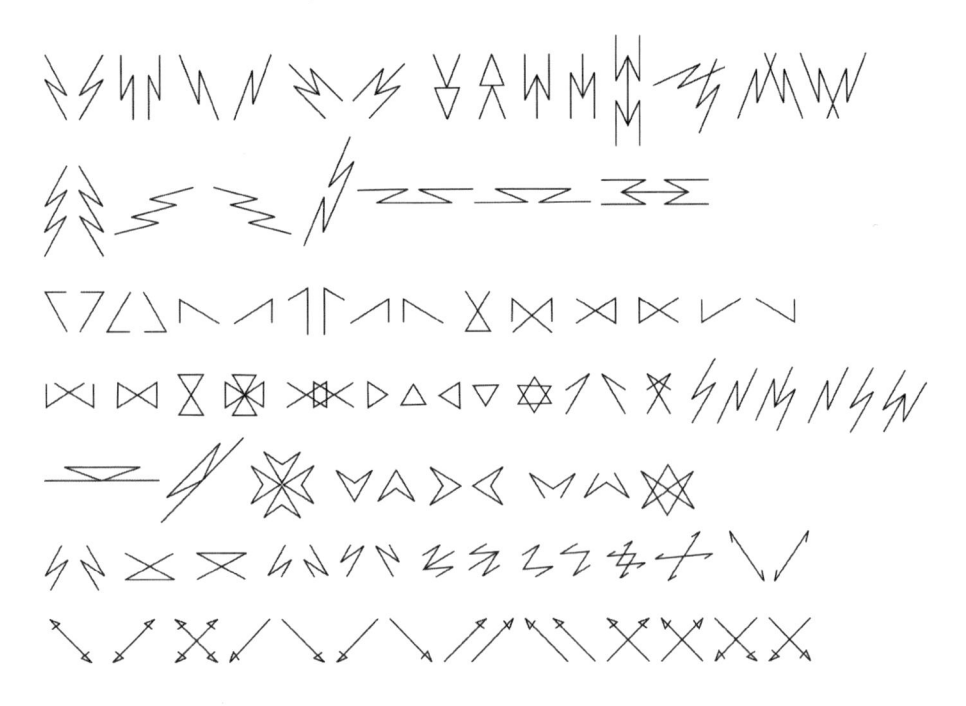

Alfabeto Mágico Ígneo 169

Magia para energização do Mental

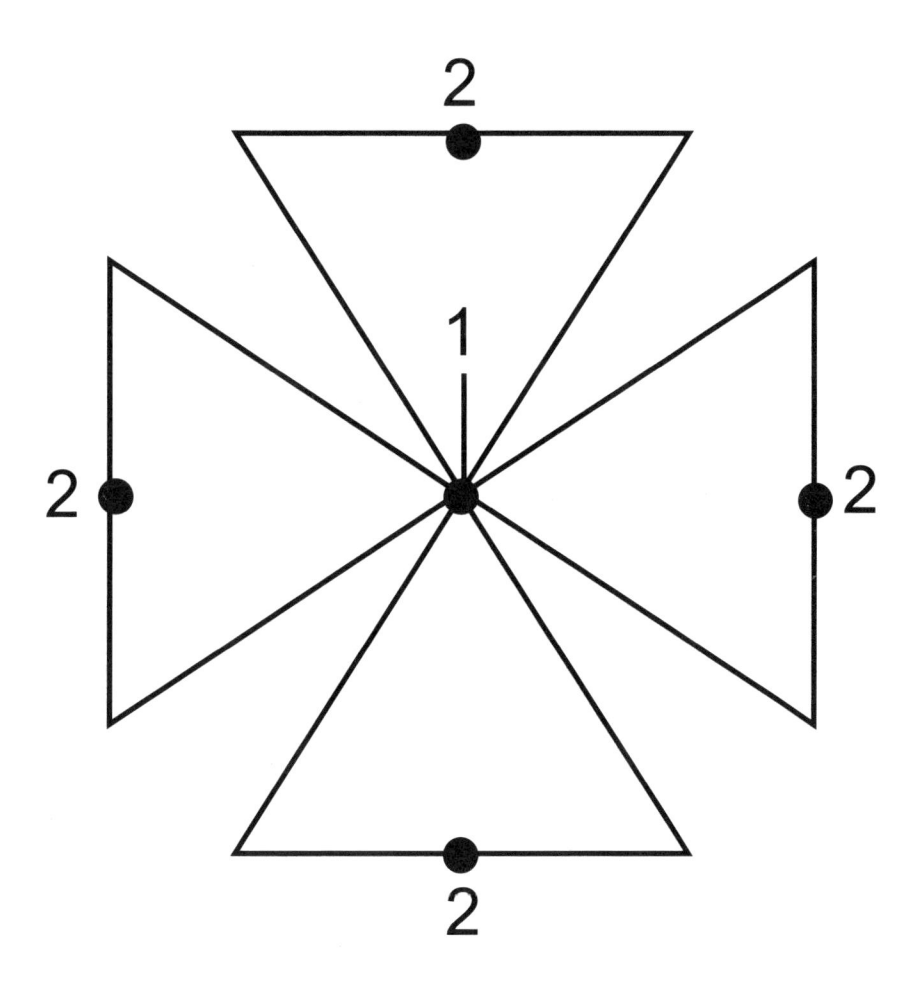

1- Vela branca
2- Vela vermelha

*Magia para anular negativismos mentais
e para vencer causas difíceis*

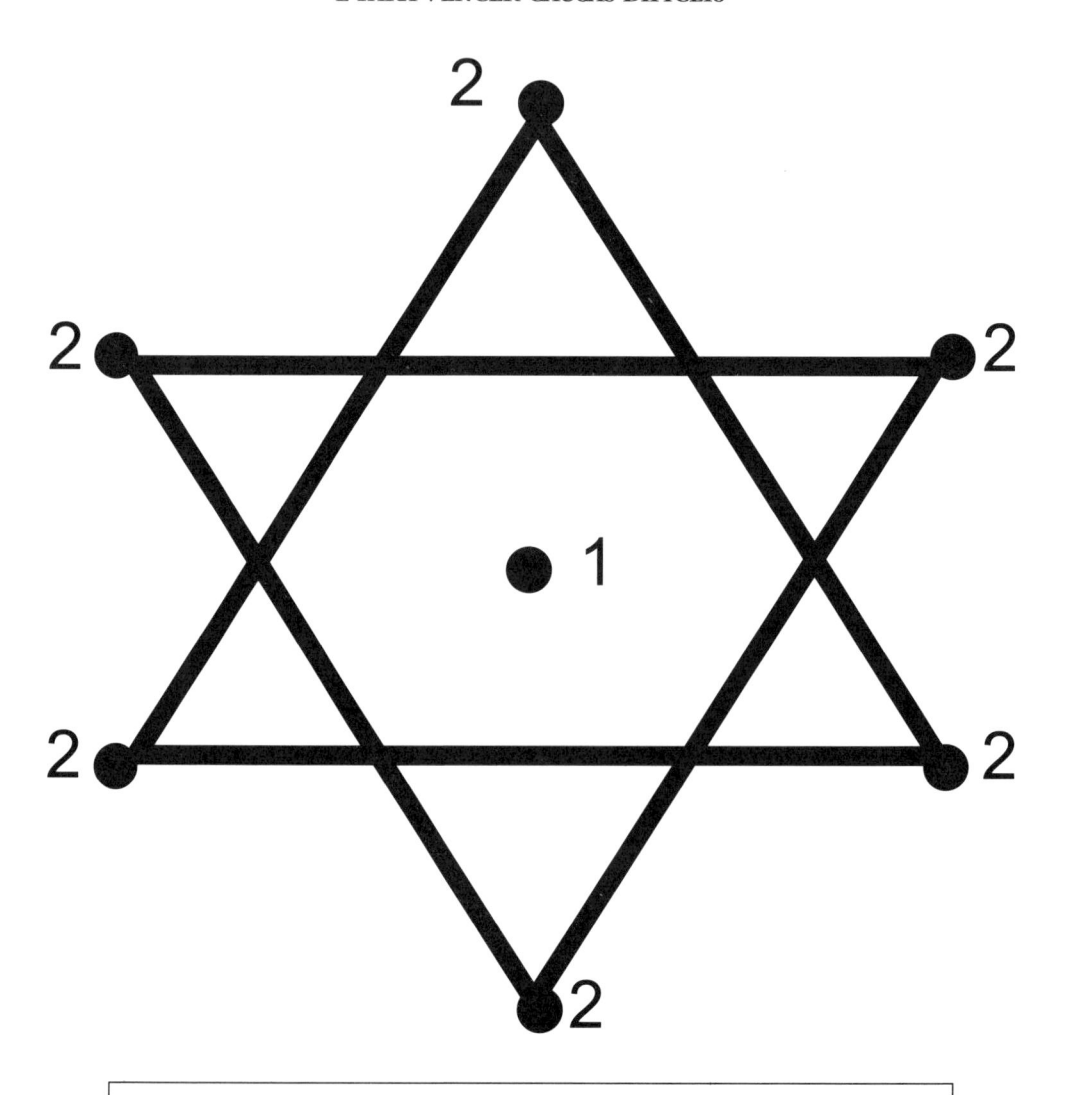

1- Vela branca
2- Vela laranja

Alfabeto Mágico Ígneo 171

MAGIA PARA ANULAÇÃO DE DEMANDAS

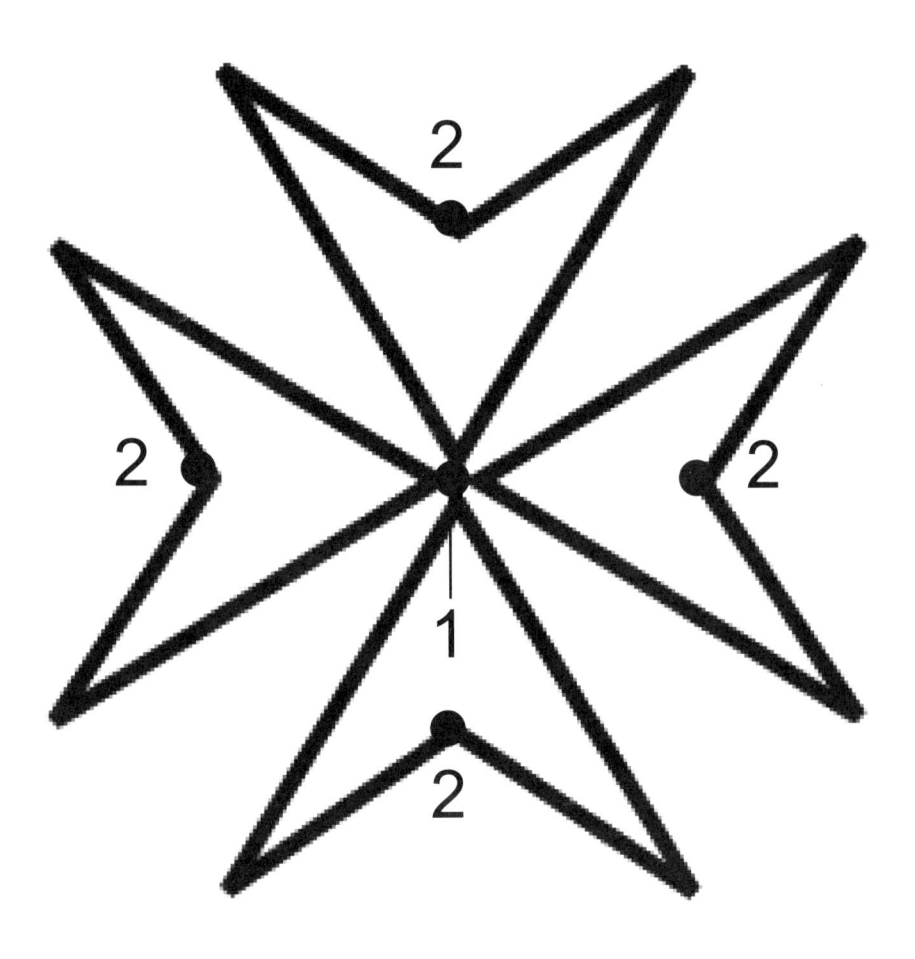

1- Vela branca
2- Vela laranja

Magia para purificação energética de ambientes

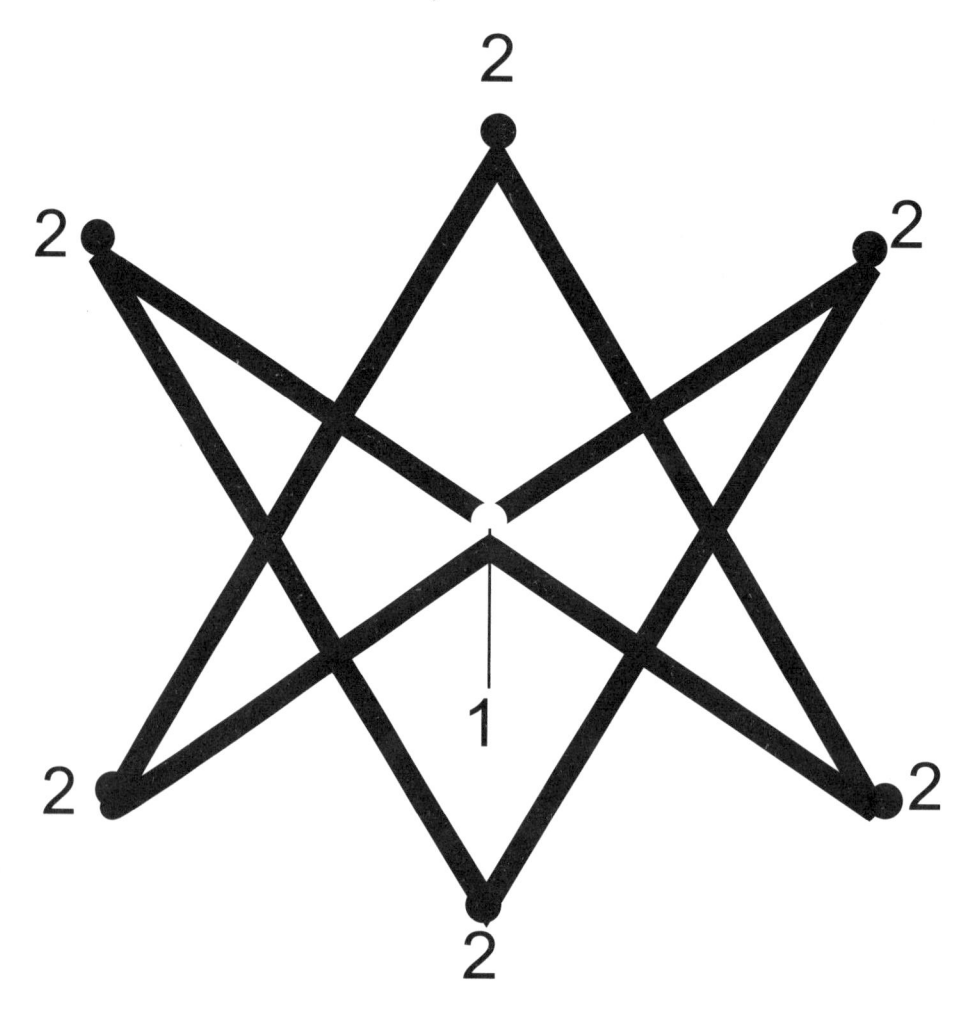

1- Vela branca
2- Vela laranja

ALFABETO MÁGICO VEGETAL

ALFABETO MÁGICO VEGETAL DE RUBENS SARACENI, MESTRE MAGO INICIADOR DO ARCO-ÍRIS DIVINO:

Este alfabeto mágico é um dos mais secretos e pouco podemos revelar sobre ele.

O seu regente é o Trono do Conhecimento, que se manifesta em toda a criação por meio de duas hierarquias divinas, uma masculina e outra feminina.

A simbologia do alfabeto mágico vegetal contém 111 símbolos sagrados puros e 372 símbolos mistos e compostos.

O Trono do Conhecimento irradia-se através de 88 tipos de ondas vegetais puras e de 222 ondas mistas e compostas, formando complexas telas vibratórias nas quais ressoam todos os pensamentos vibrados pelos seres e pelas criaturas.

Nós entendemos o Trono do Conhecimento como o mistério da onisciência de Deus, pois é por meio do raciocínio que todos "pensam".

Os dois Tronos que pontificam as duas hierarquias são, em si mesmos, dois mistérios de Deus e atuam assim:

– O Trono Masculino do Conhecimento atua expandindo o raciocínio dos seres, abrindo novas faculdades mentais na sede do saber, conduzindo todos, o tempo todo, na direção que cada um tem de evoluir.

– O Trono Feminino do Conhecimento atua nos seres, concentrando-os nas novas faculdades que vão sendo abertas pelo Trono Masculino, retendo-os até que essas faculdades "amadureçam" e dotem os seres de um rápido poder de resolução ou de raciocinar a partir de tudo o que memorizou durante seu aprendizado.

O Trono Masculino é expansor e o Trono Feminino é concentrador.

Vamos dar a seguir somente alguns signos e símbolos do Alfabeto Sagrado vegetal:.

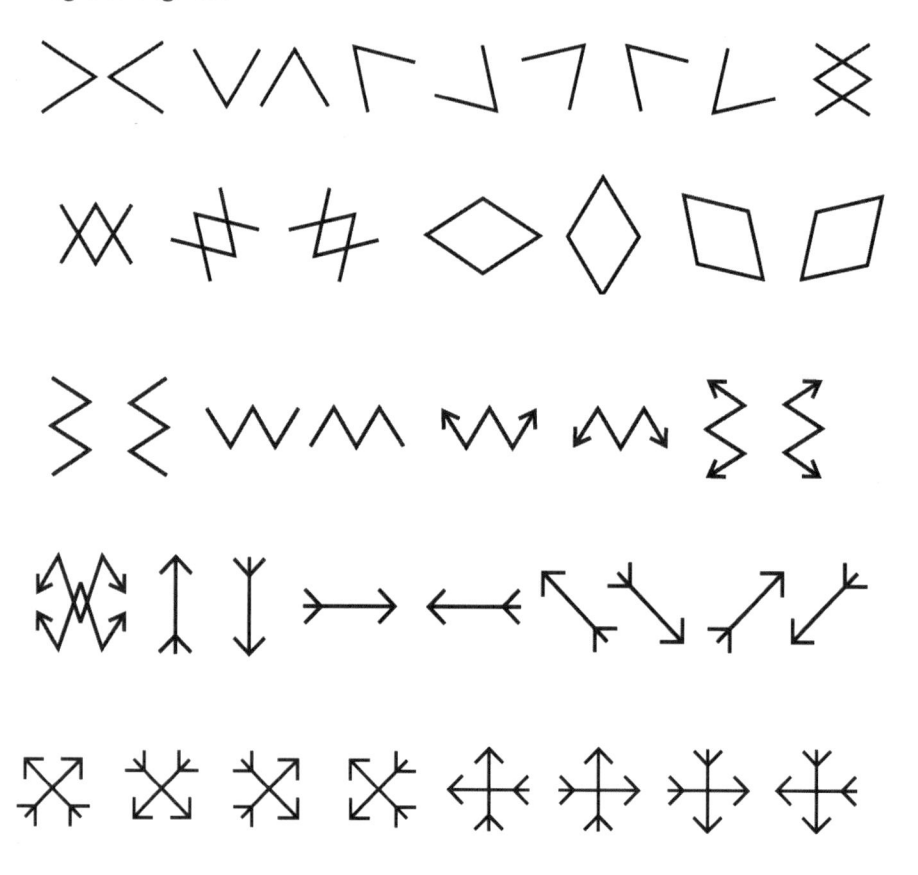

1º Símbolo

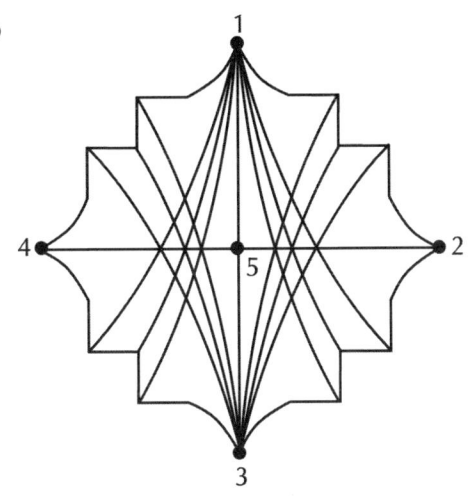

1, 2, 3, 4 - VELA BRANCA
5- VELA VIOLETA

2º Símbolo

SÍMBOLO EQUILÁTERO

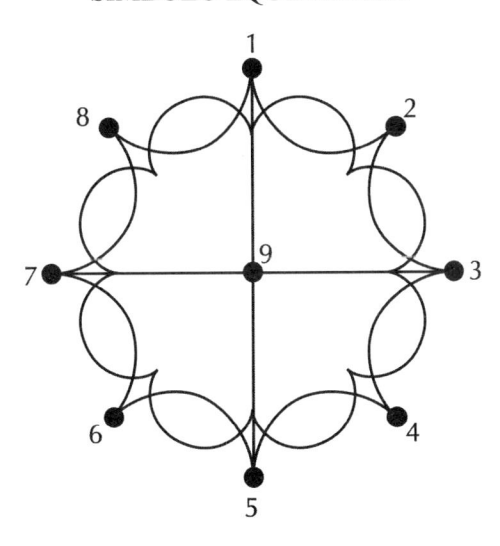

1, 2, 3, 4, 5, 6, 7 e 8 - VELA AMARELA
9 - VELA ROSA

3º Símbolo

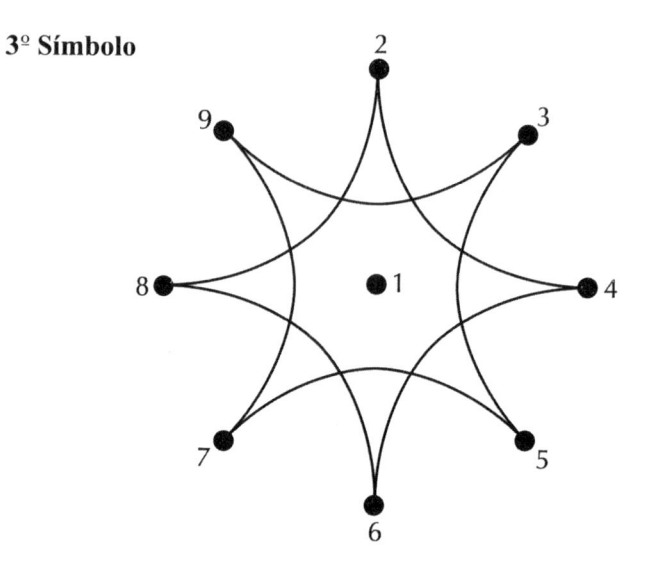

1 - VELA BRANCA
2, 3, 4, 5, 6, 7, 8 e 9 - VELA AZUL-ESCURA

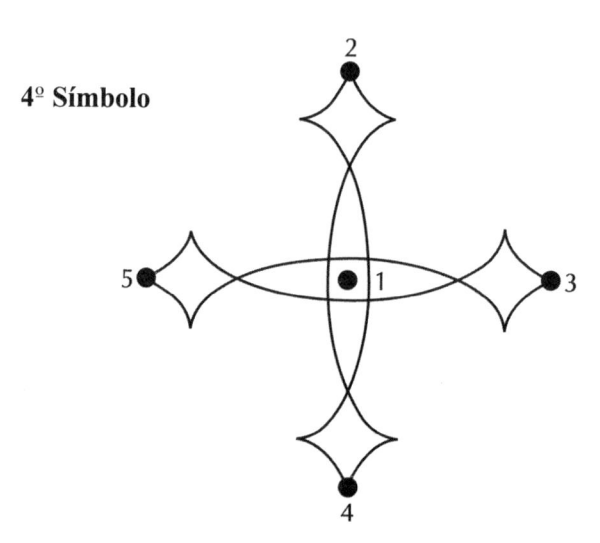

4º Símbolo

1 - VELA BRANCA
2, 3, 4 e 5 - VELA LILÁS

5º Símbolo

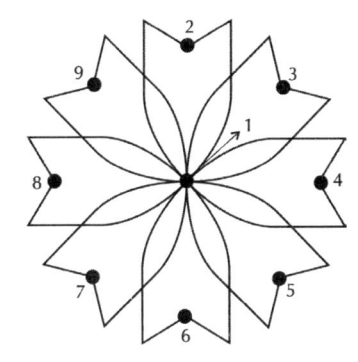

1 - VELA VERDE
2, 3, 4, 5, 6, 7, 8 e 9 - VELA AMARELA

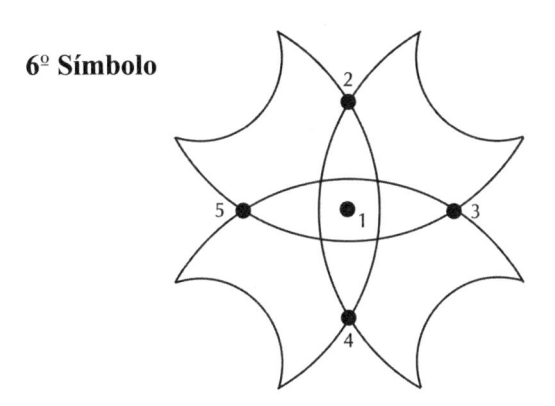

6º Símbolo

1 - VELA ROSA
2, 3, 4 e 5 - VELA AZUL-ESCURA

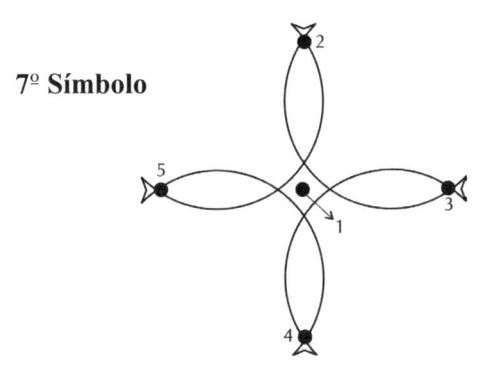

7º Símbolo

1 - VELA BRANCA
2, 3, 4 e 5 - VELA AMARELA

Magia Riscada — Prática

Magia para harmonia, paz e prosperidade

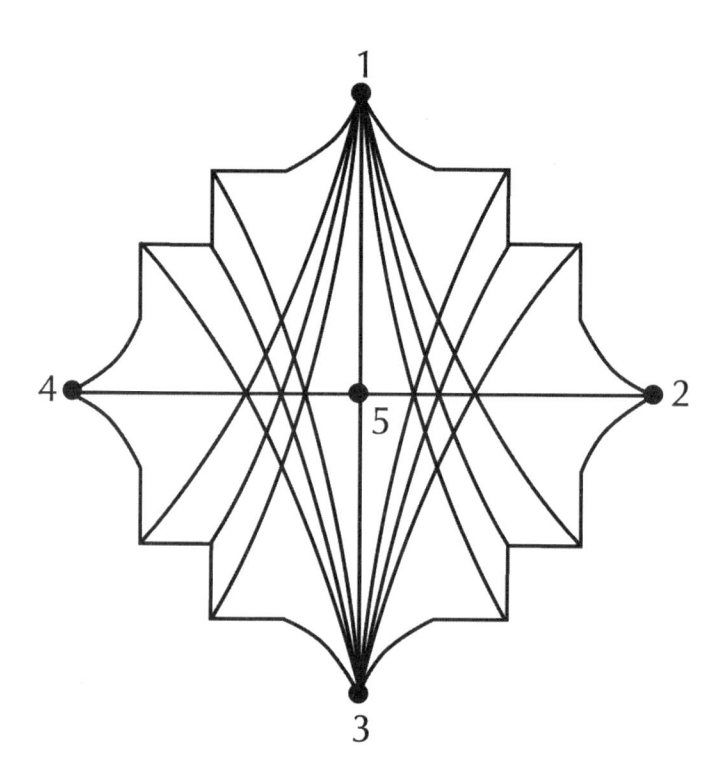

1, 2, 3, 4 - Vela branca
5- Vela violeta

Alfabeto Mágico Vegetal 179

MAGIA PARA AMOR, SAÚDE E PROSPERIDADE

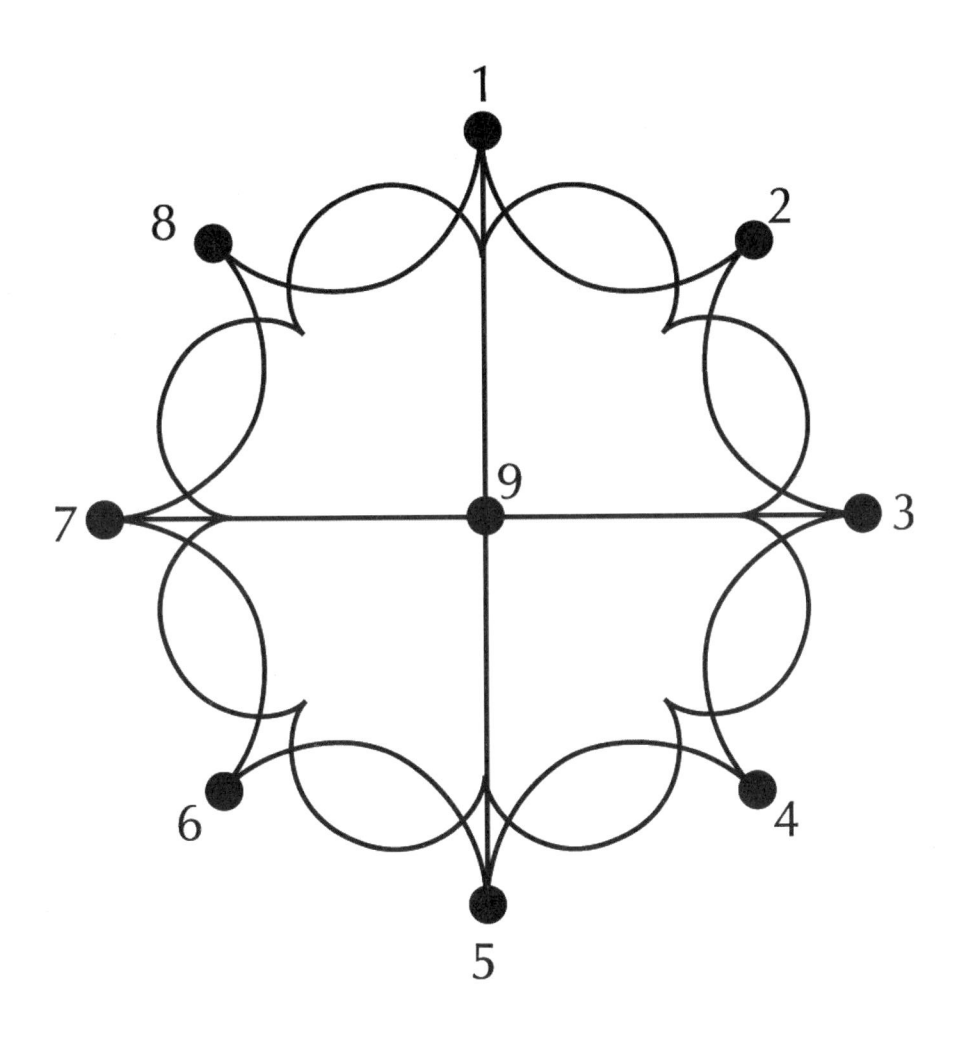

1, 2, 3, 4, 5, 6, 7, 8 - Vela amarela
9- Vela rosa

Magia para abrir os caminhos, para arrumar emprego, etc.

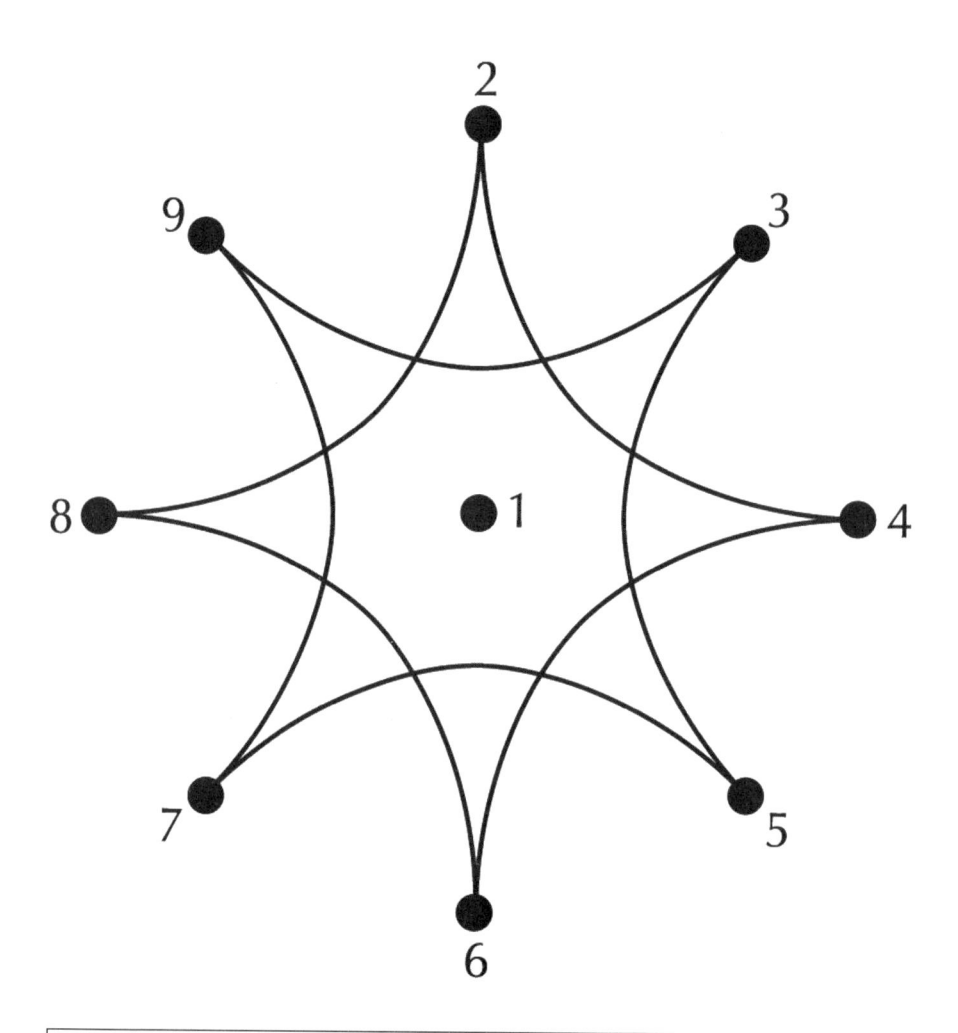

1- Vela branca
2, 3, 4, 5, 6, 7, 8, 9 - Vela azul-escura

Alfabeto Mágico Vegetal 181

Magia para saúde, equilíbrio e fortalecimento do mental

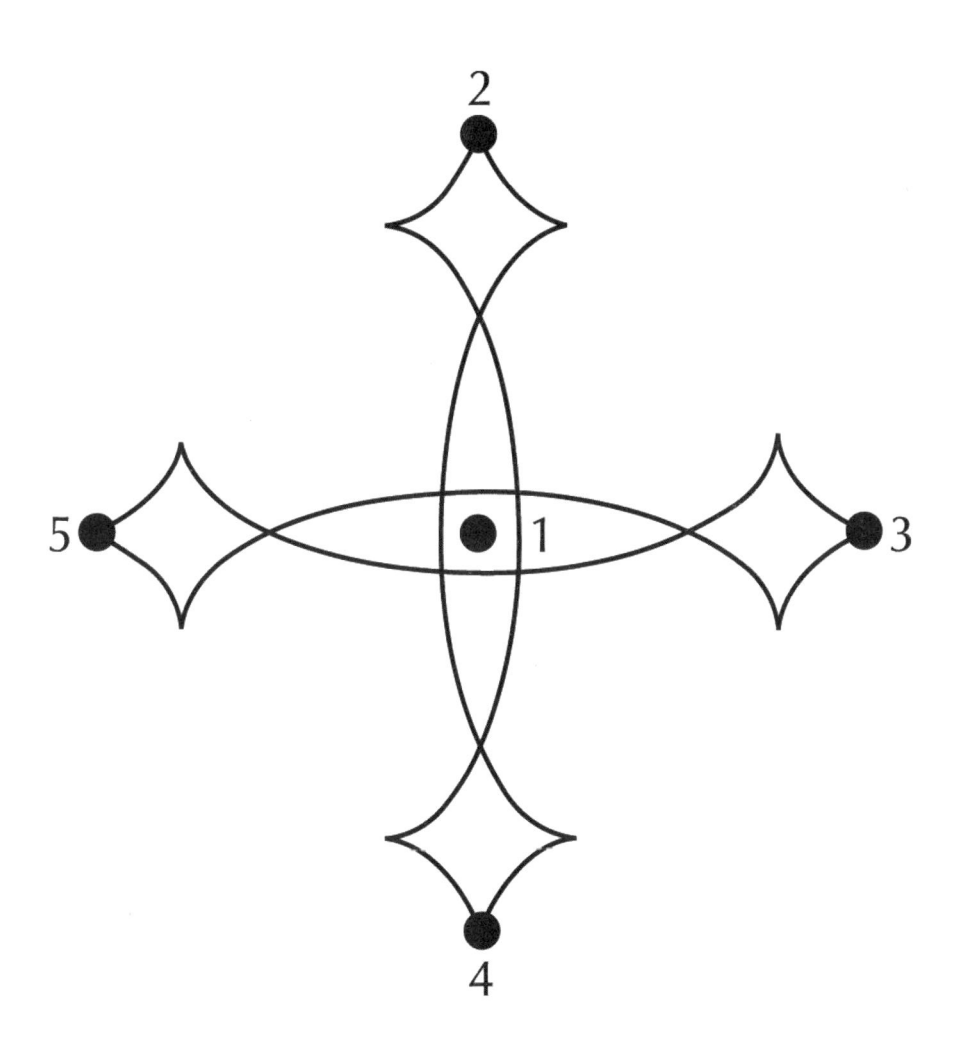

1- Vela branca
2, 3, 4, 5 - Vela lilás

Magia para saúde, criatividade e abertura de novos campos

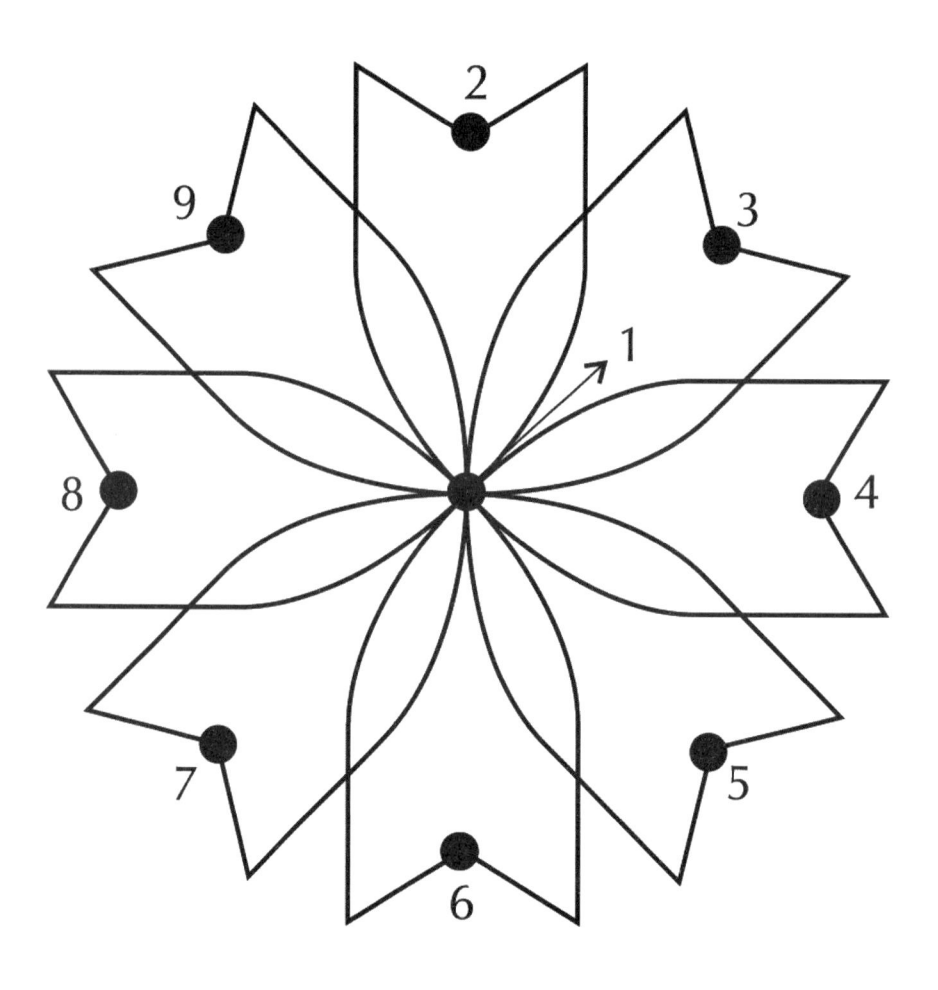

1- Vela branca
2, 3, 4, 5, 6, 7, 8, 9 - Vela verde

MAGIA PARA AMOR E HARMONIA

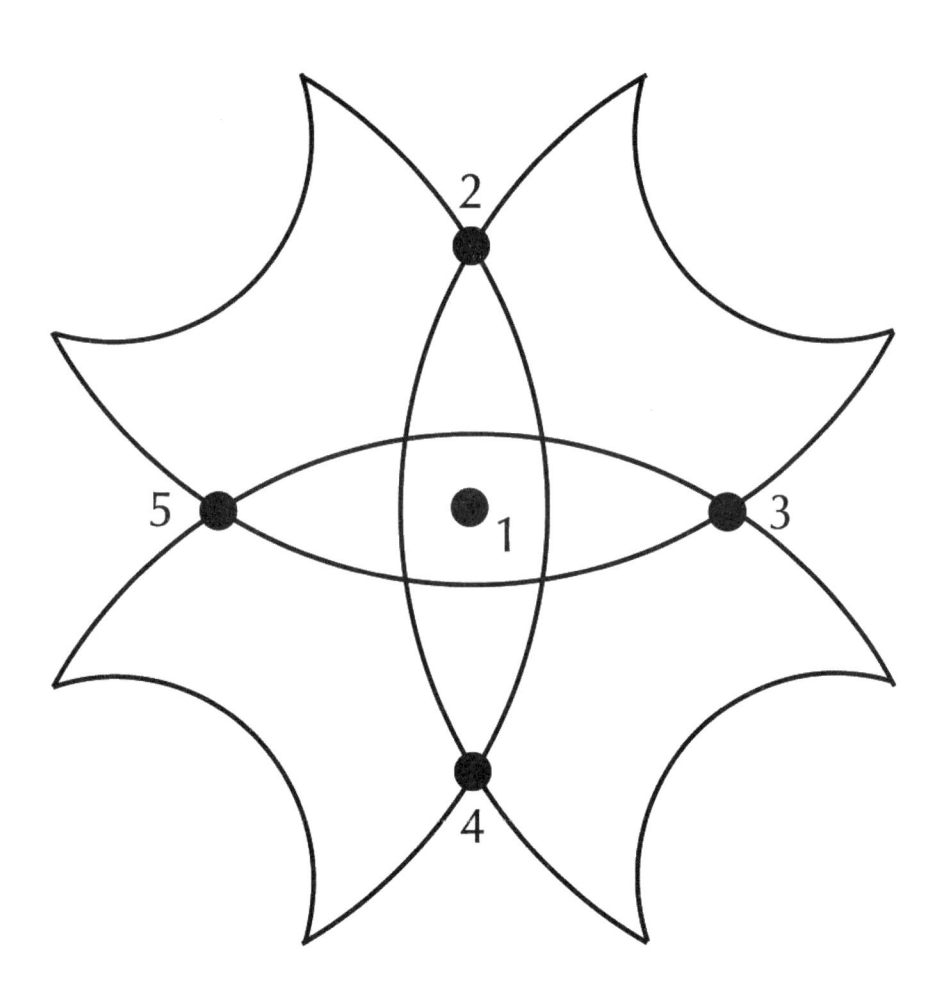

1- Vela branca
2, 3, 4, 5 - Vela rosa

Magia para abertura de caminhos

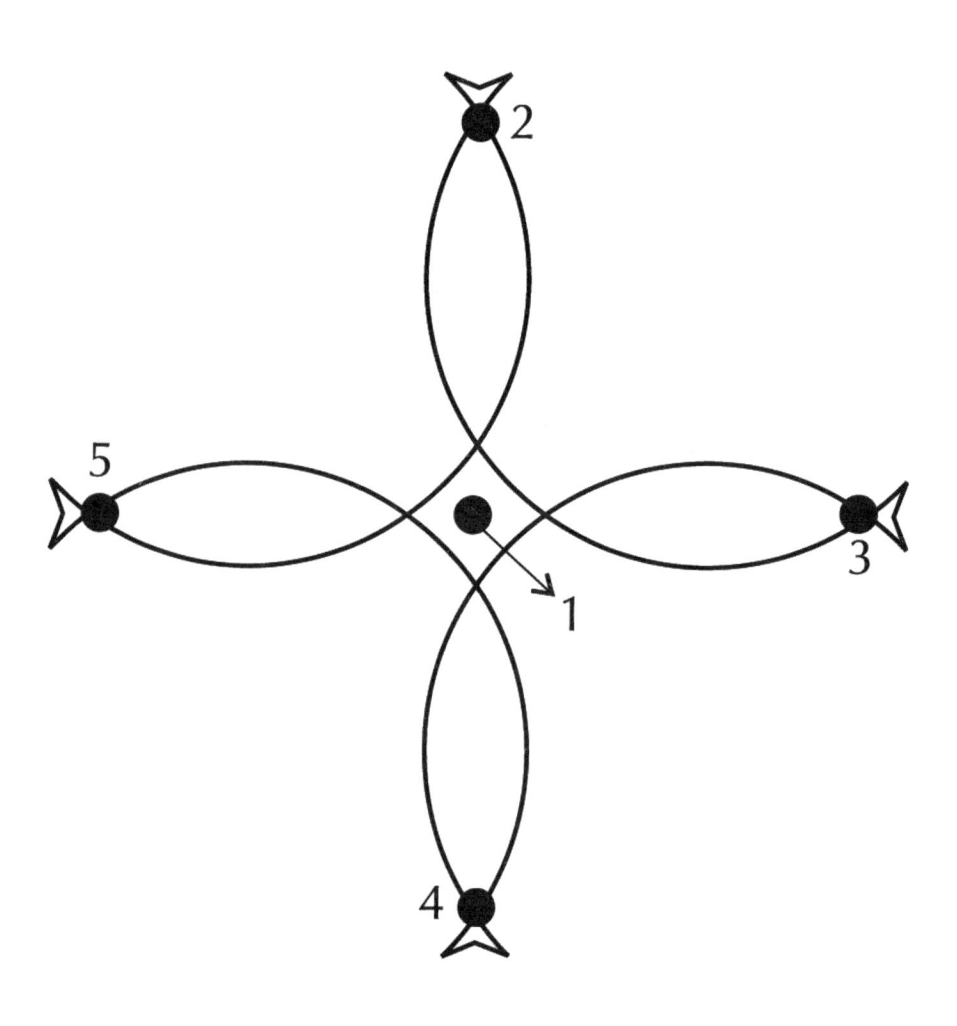

1- Vela branca
2, 3, 4, 5 - Vela azul-escura

Trono da Evolução — *Estrela de nove pontas*

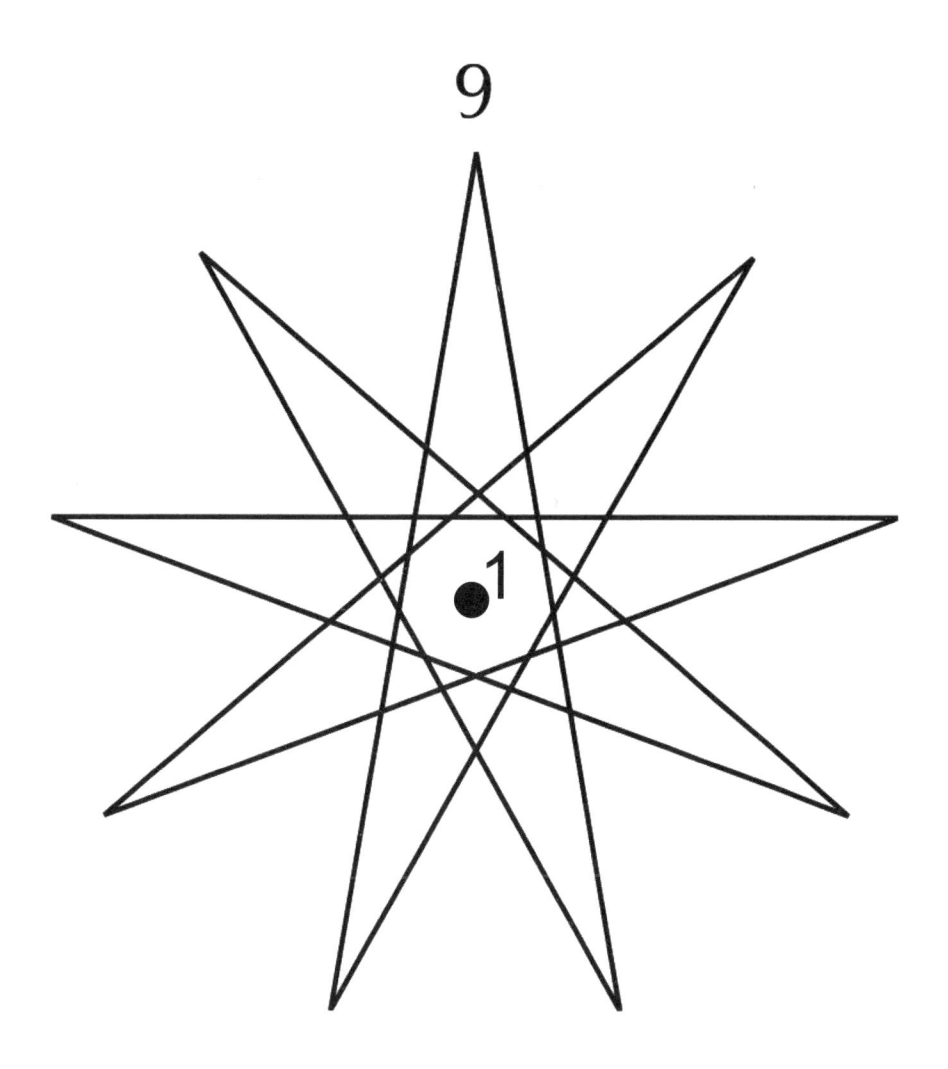

1 - Vela de sete dias cor branca

Trono da Evolução — Estrela de Onze Pontas

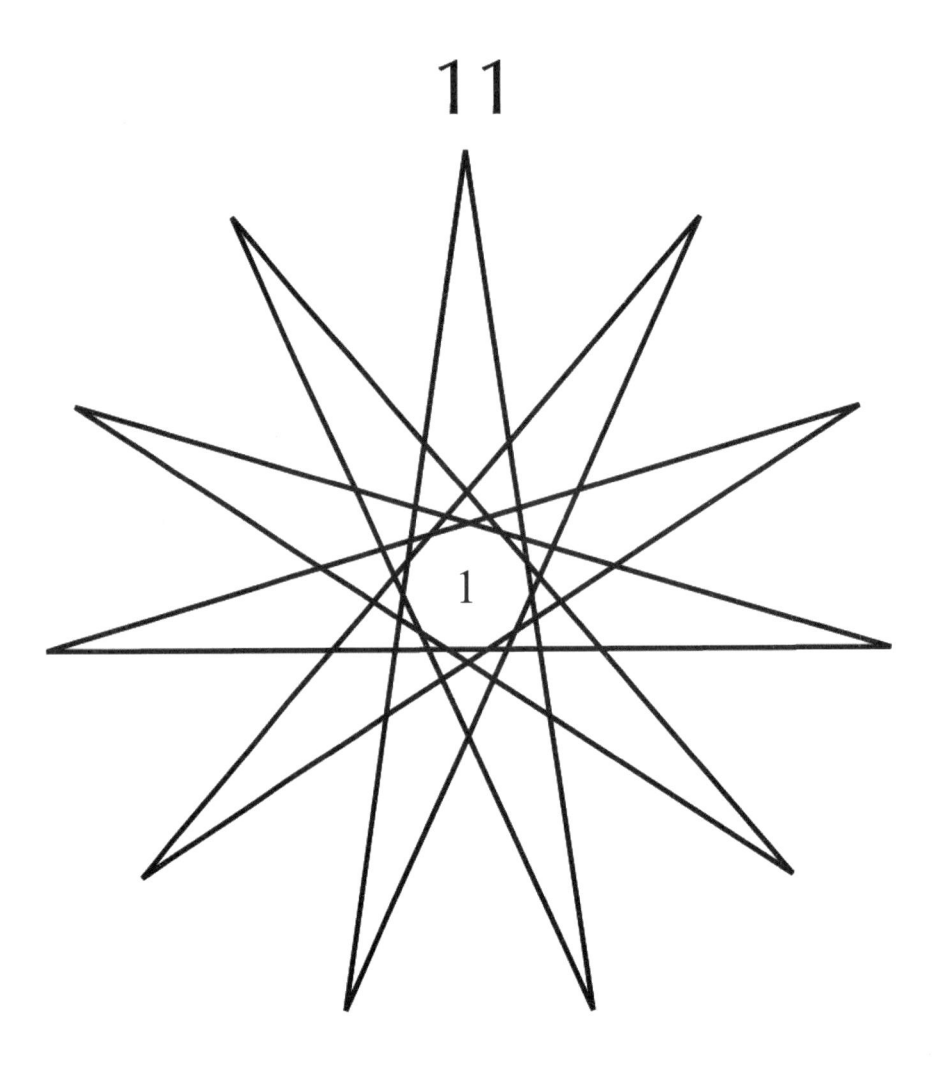

11

1

1 - Vela lilás de sete dias

Trono da Lei — Estrela de Vinte e Uma Pontas

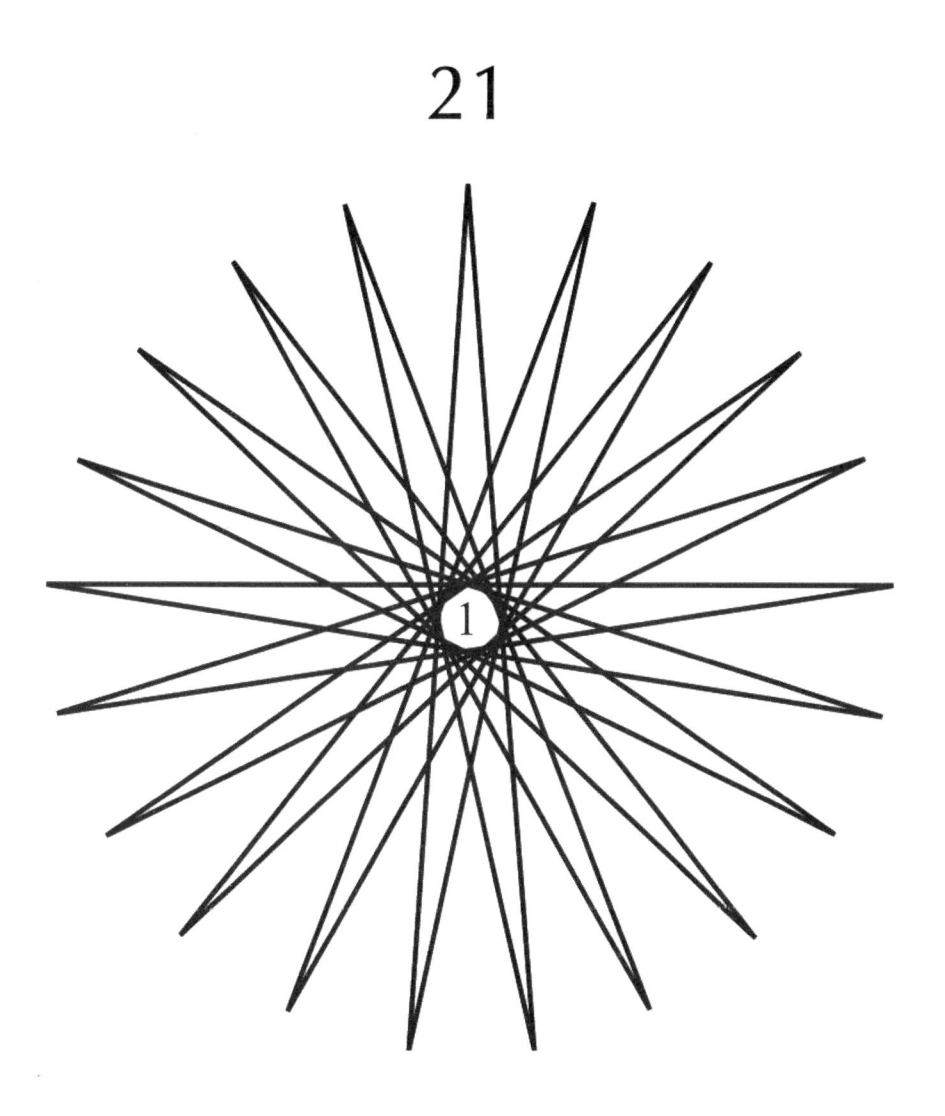

21

1 - Vela de sete dias azul-escura

Trono do Amor — Estrela de Trinta e Três Pontas

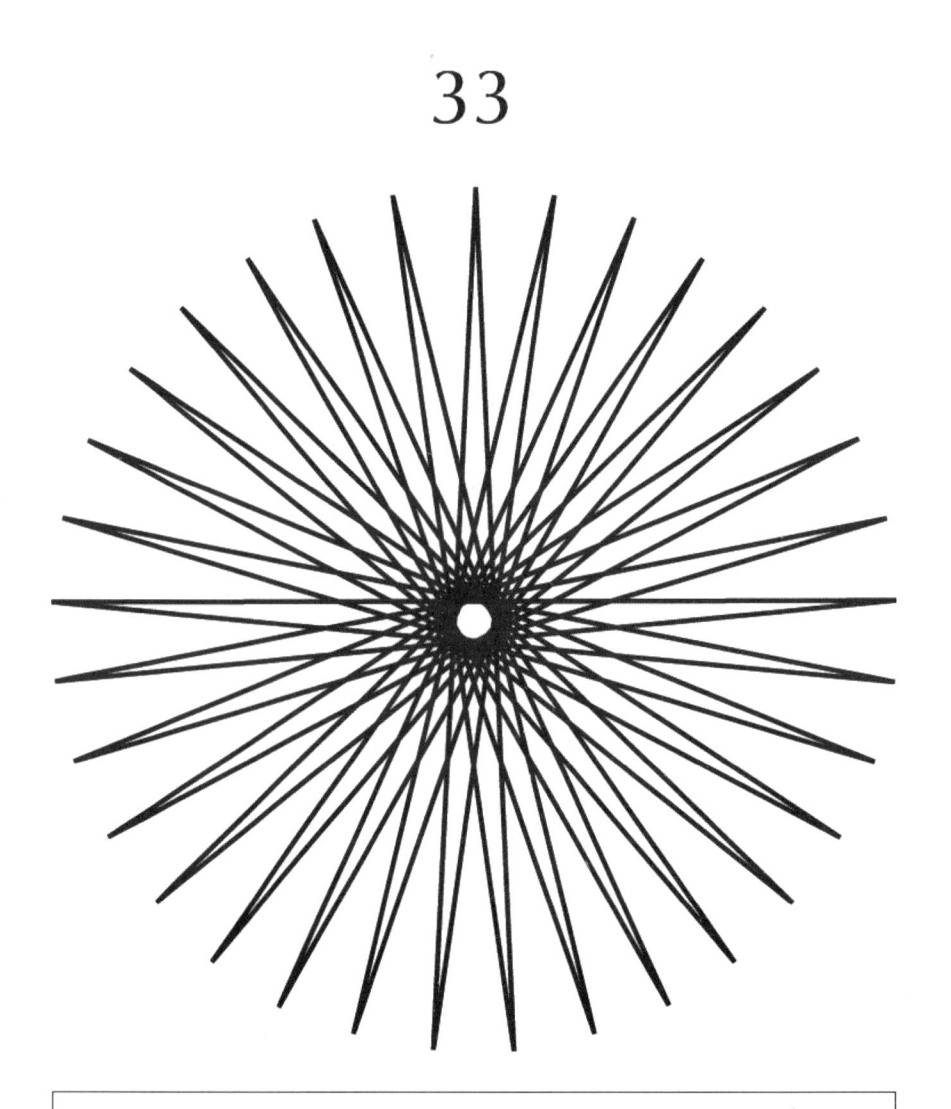

33

Vela de sete dias rosa

Trono da Justiça — *Estrela de Quarenta e Nove Pontas*

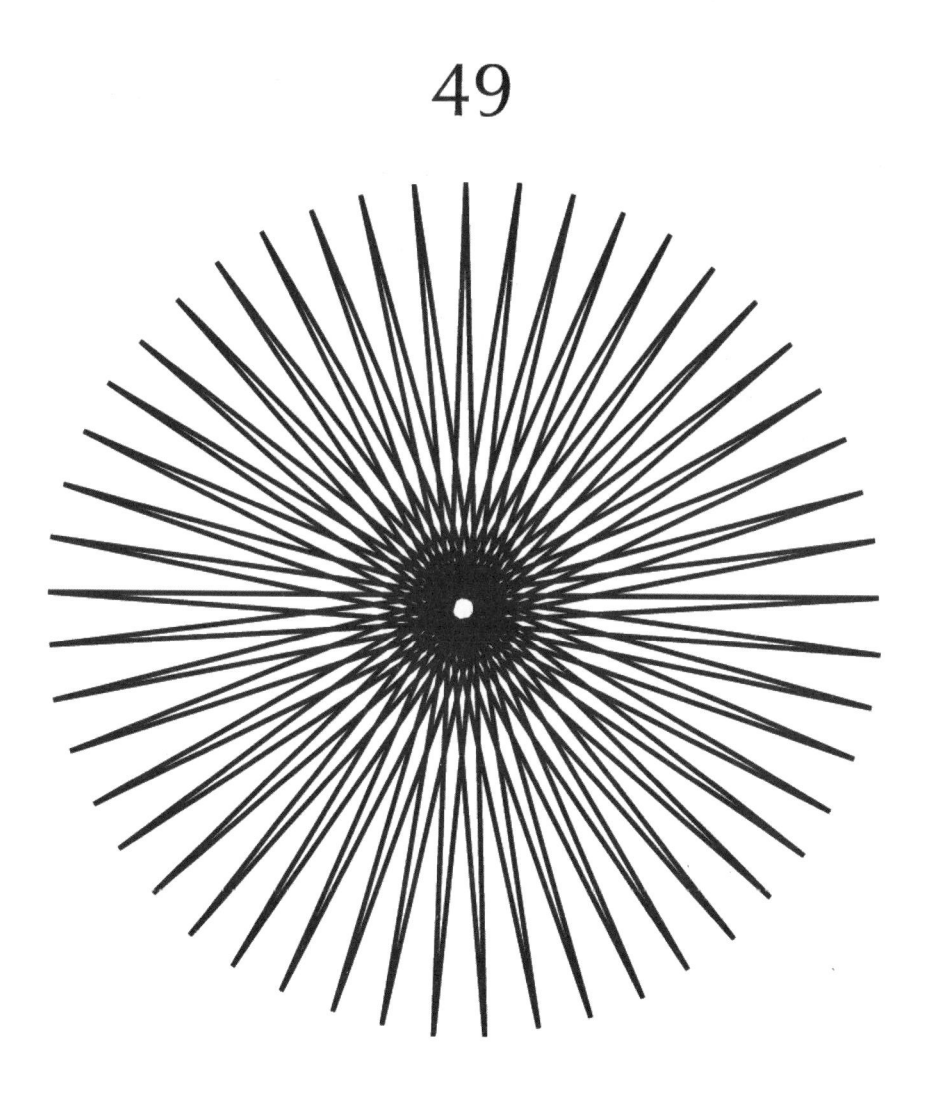

49

Vela de sete dias vermelha

Trono da Geração — *Estrela de Sessenta e Três Pontas*

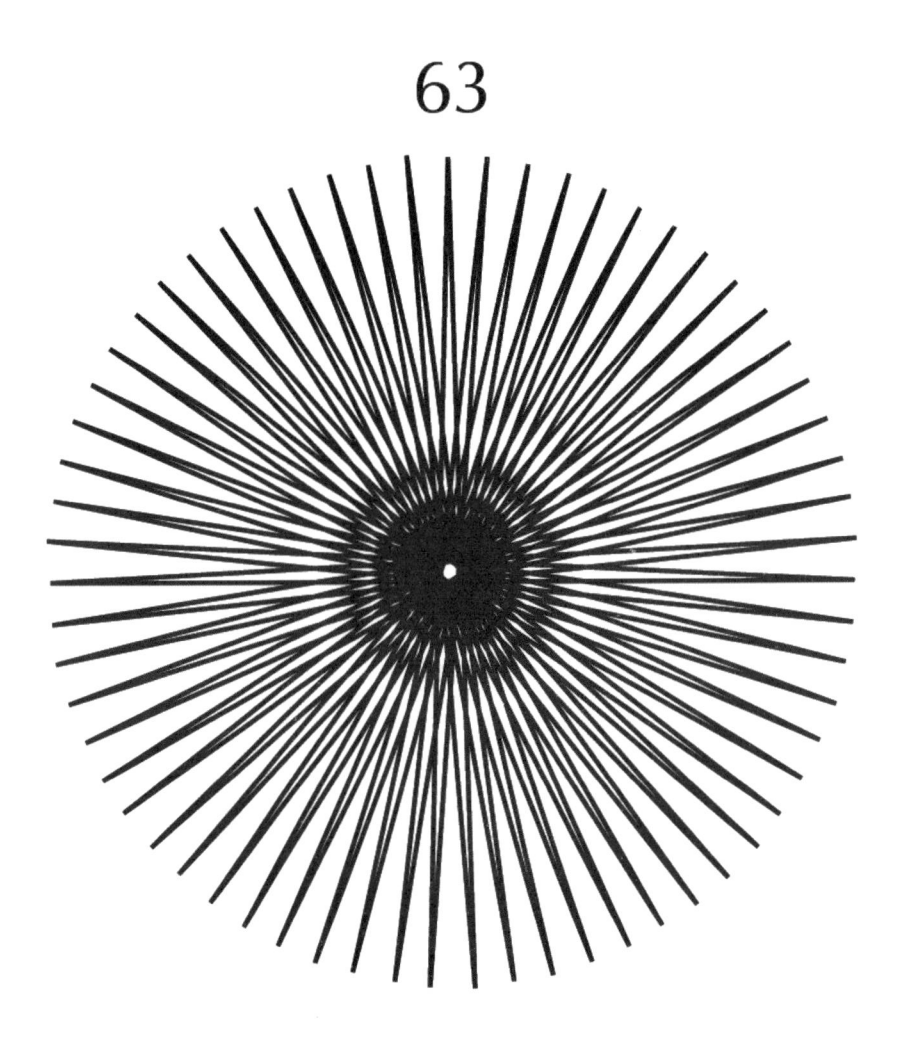

63

Vela de sete dias azul-clara

Alfabeto Mágico Vegetal 191

Trono da Fé — Estrela de Setenta e Sete Pontas

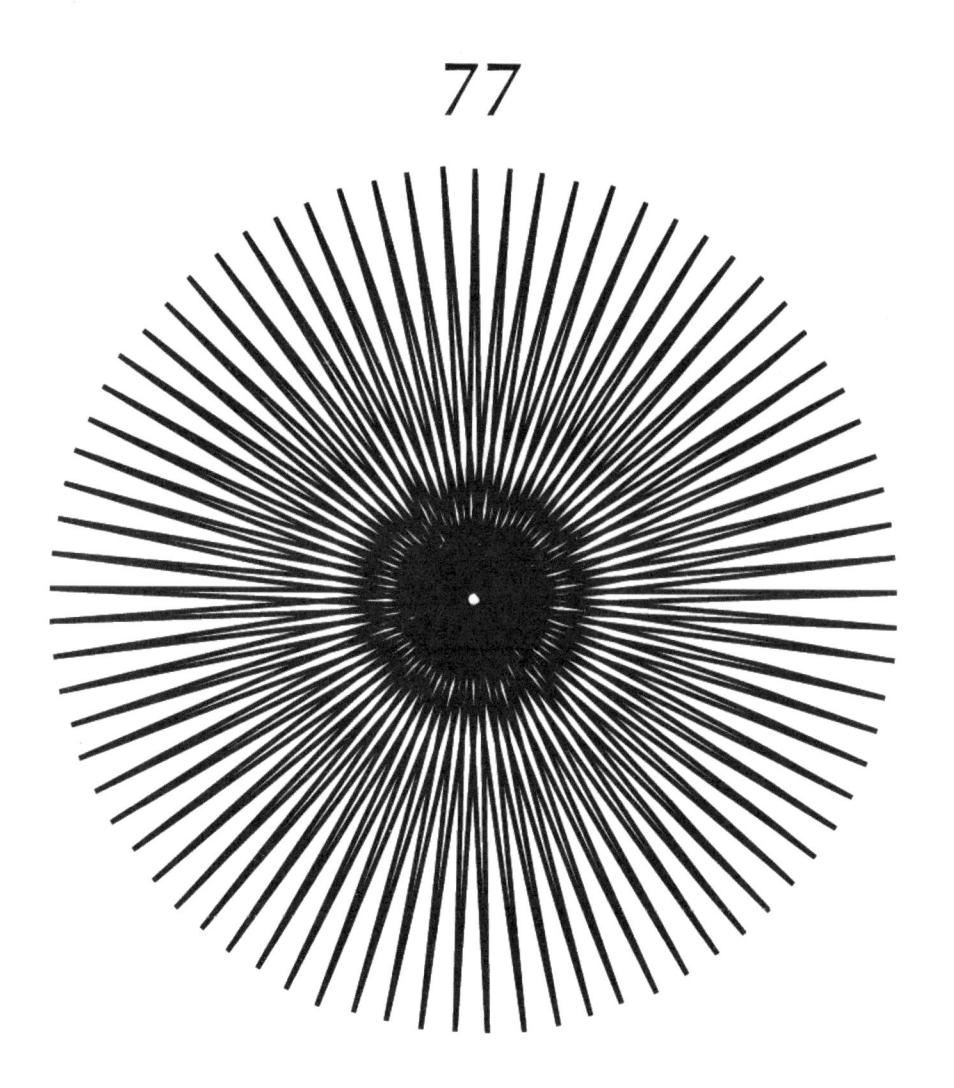

77

Vela de sete dias dourada

Amigos leitores, a seguir terão à vossa disposição uma tabela parcial, porque aqui só foram mostrados alguns signos existentes nos originais do código da escrita mágica, que eu uso sempre que se faz necessário em meus trabalhos de Magia.

O significado de cada um não está sendo revelado porque ele só é dado no estudo da Magia Riscada e da Magia Simbólica, ensinadas em alguns dos vinte e um graus da Magia Divina criada no plano material por mim.

Mas nenhum destes signos tem função ou funções negativas ou prejudiciais (energeticamente falando) a quem quer que recorra a eles. E não poderia ser de outra forma!

Tabela — Tábua do Mestre Rubens Saraceni

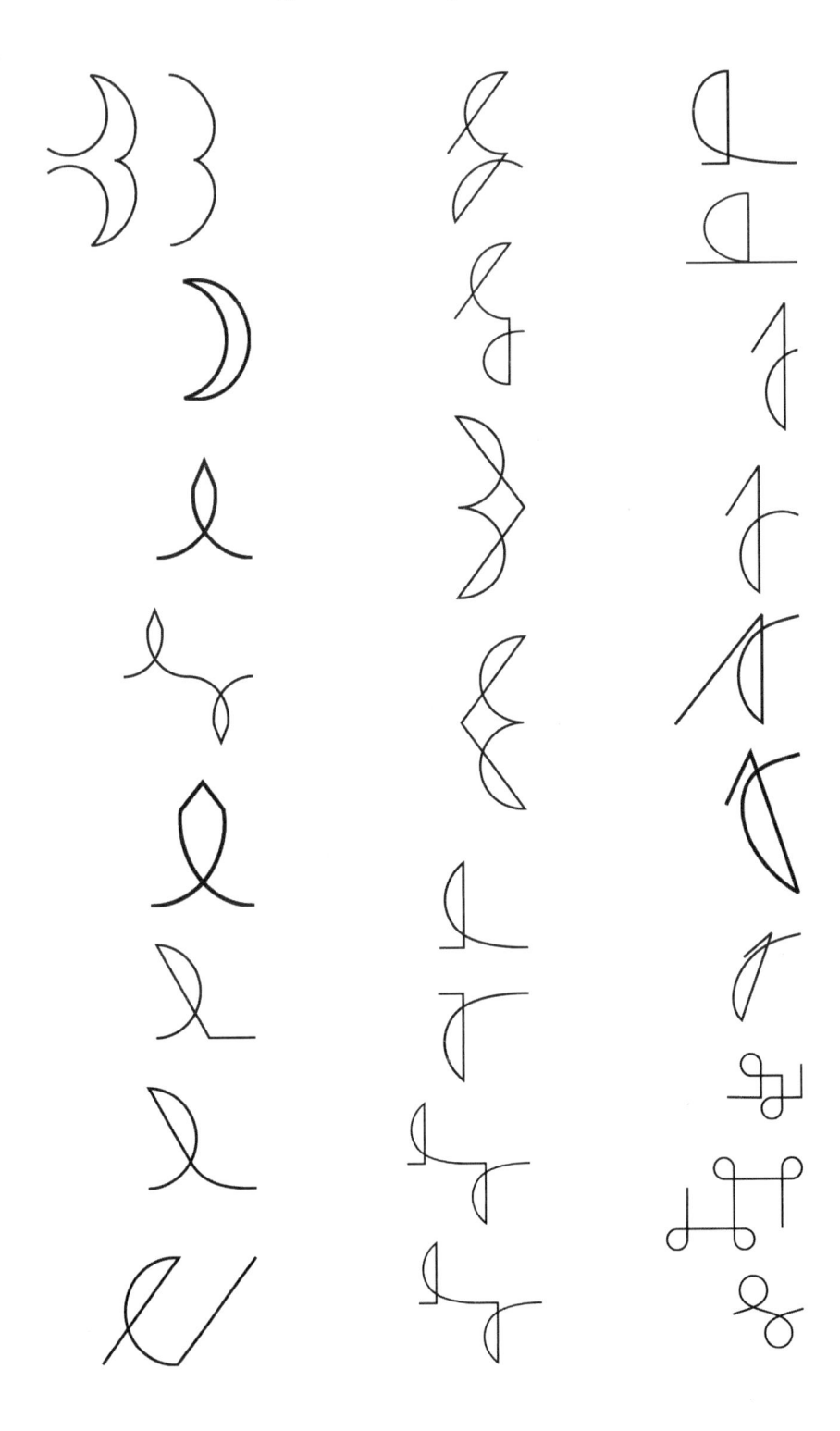

O Código da Escrita Mágica Simbólica

Alfabeto Mágico Vegetal 195

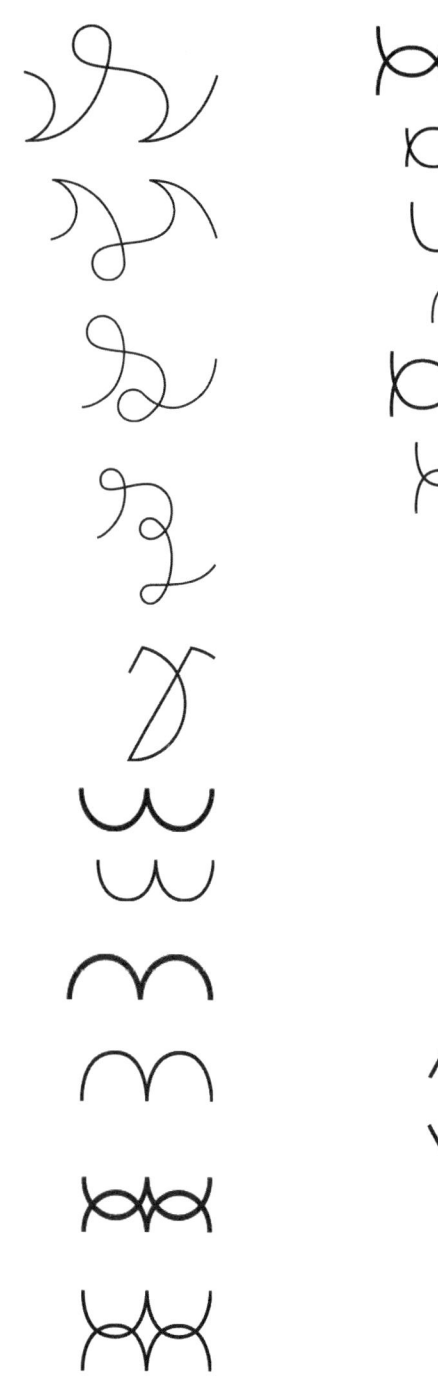

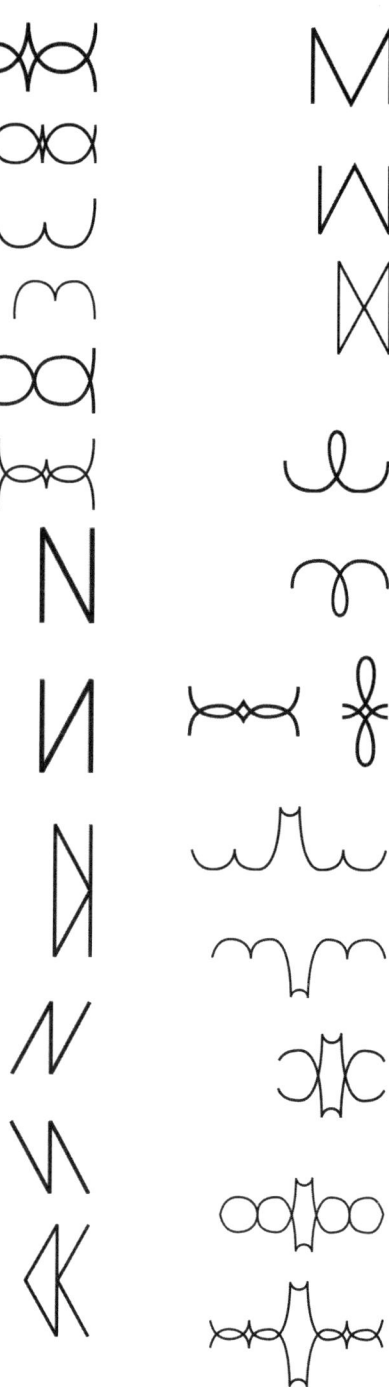

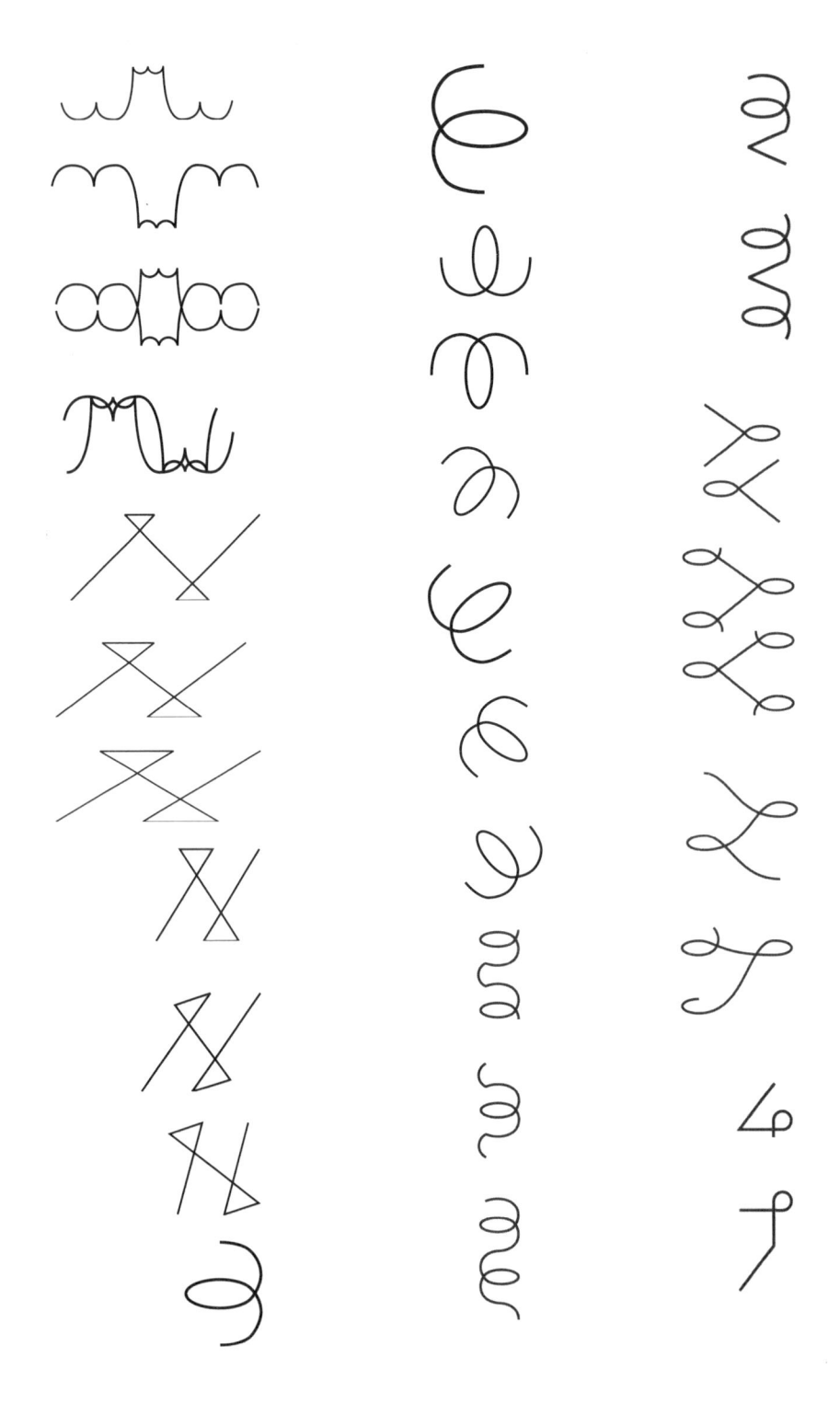

196 *O Código da Escrita Mágica Simbólica*

Alfabeto Mágico Vegetal 197

Signos Mistos